城市轨道交通职业教育系列教材——城市轨道交通运营管理

城市轨道交通
车站设备（第2版）

主　编 ○ 林　洁　王夏秋
副主编 ○ 裴廷福　郭京波
刘智勇　唐子茜

西南交通大学出版社
·成　都·

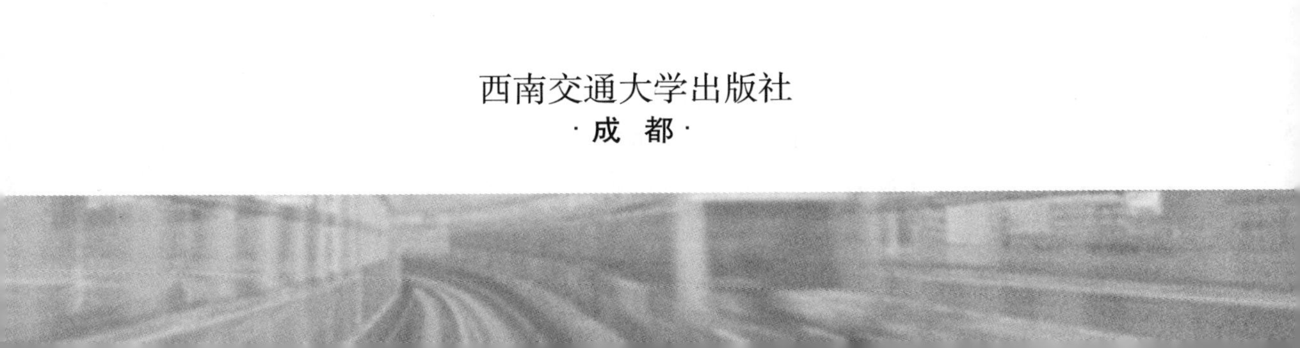

图书在版编目（CIP）数据

城市轨道交通车站设备 / 林洁，王夏秋主编. —2版. —成都：西南交通大学出版社，2021.9
ISBN 978-7-5643-8235-3

Ⅰ. ①城… Ⅱ. ①林… ②王… Ⅲ. ①城市铁路－车站设备－高等职业教育－教材 Ⅳ. ①U239.5

中国版本图书馆 CIP 数据核字（2021）第 180208 号

Chengshi Guidao Jiaotong Chezhan Shebei
城市轨道交通车站设备
（第 2 版）

主　编 / 林　洁　王夏秋
责任编辑 / 宋浩田
封面设计 / 何东琳设计工作室

西南交通大学出版社出版发行
（四川省成都市金牛区二环路北一段 111 号西南交通大学创新大厦 21 楼　610031）
发行部电话：028-87600564　028-87600533
网址：http://www.xnjdcbs.com
印刷：四川森林印务有限责任公司

成品尺寸　185 mm × 260 mm
印张　13.75　　字数　310 千
版次　2015 年 7 月第 1 版　　2021 年 9 月第 2 版　　印次　2021 年 9 月第 5 次

书号　ISBN 978-7-5643-8235-3
定价　39.90 元

课件咨询电话：028-81435775
图书如有印装质量问题　本社负责退换

前言

PREFACE

《城市轨道交通车站设备》作为城市轨道交通运营管理专业的核心课程，对接城市轨道交通运营管理专业教学标准，以城市轨道交通车站站务岗位职业能力为导向，以服务乘客所涉及到的车站设备为主线，教材内容以项目模块化方式展开编写，融合了不同工作任务对技能和态度的要求，突出对学生职业能力的训练，让学生在完成具体项目学习的过程中学会完成相应工作任务，为学生专业能力、方法能力和社会能力的全面培养打下良好基础。

教材编写主要包括城市轨道交通车站设备概述、乘客信息系统、电梯与自动扶梯系统、自动售检票系统、站台屏蔽门系统、城市轨道交通综合监控系统等六大项目学习内容，注重教学过程中的系统性和可操作性。教材配套课件、实训工单、视频等多样化学习资源，有利于加强学生对理论知识的学习与理解。

本教材编写团队由学校和地方轨道企业组成，并由广西交通职业技术学院林洁和王夏秋担任主编，校企双方深度合作共同完成教材编写。参与教材编写的单位包括广西交通职业技术学院、广西建设职业技术学院、广西电力职业技术学院、东莞轨道交通有限公司、南宁轨道交通集团有限公司。教材编写分工如下：广西交通职业技术学院林洁编写项目 1，广西交通职业技术学院王夏秋编写项目 4，广西交通职业技术学院裴廷福编写项目 5，广西建设职业技术学院刘智勇编写项目 2，广西电力职业技术学院唐子茜编写项目 3，东莞轨道交通有限公司郭京波编写项目 6 并从企业角度对本教材提出了一些指导性意见，全书由南宁轨道交通集团有限公司刘绍潇担任主审。感谢行业相关专家在本教材编写过程中提出的意见与建议，编写团队经过多次召开会议对教材大纲及内容进行调整与优化。同时也向出版本教材和配套工作付出辛苦与努力的成都西南交大出版社有限公司表示感谢。

由于编者的水平有限，在编写过程中会在某些方面思虑不周和存在不足，希望有关院校师生、行业企业专家和读者对本教材提出宝贵的意见，以便教材及时修订与完善，谢谢！

编者

2021 年 8 月 10 日

目 录

CONTENTS

项目 1 城市轨道交通车站设备概述

【项目导学】

建设城市轨道交通系统的目的是为了能将乘客方便、快捷、安全地从出发地运送到目的地。城市轨道交通车站作为乘客与城市轨道交通系统联系的窗口，要完成城市轨道交通的列车停靠、乘客集散等主要功能，车站设备则在其中起到重要作用，既是城市轨道交通车站正常运营的物质基础，也是运营安全的技术保证。

【知识目标】

1. 了解城市轨道交通车站的作用。
2. 了解城市轨道交通车站的分类。
3. 了解乘客进出站程序。
4. 了解我国城市轨道交通设备的发展历程及发展趋势。
5. 掌握城市轨道交通车站的构成。
6. 掌握城市轨道交通车站设备的组成及功能。

【技能目标】

1. 会认知城市轨道交通车站的构成。
2. 会认知城市轨道交通车站各类设备及功能。

【德育目标】

1. 感受我国综合国力的强大，激发学生的爱国情感，增强民族自豪感。
2. 让学生树立良好的社会主义核心价值观。

【建议学时】

6 学时。

任务 1.1

城市轨道交通车站认知

一、城市轨道交通车站的定义

城市轨道交通车站作为乘客与城市轨道交通系统联系的重要窗口，既是乘客上下车、换乘和候车的场所，也是列车到发、通过、折返以及临时停车的地点。因此，车站需要具备良好的通风、照明、卫生、防灾等设备，以保障乘客方便、安全、迅速地进出站，以及为他们提供舒适、清洁的乘车环境。

城市轨道交通车站又是城市建筑艺术整体的一个有机部分，是一个城市的重要名片和文化传输的窗口，一条线上各车站在结构和建筑艺术方面，应既要有共性，又要有各自的个性。

二、城市轨道交通车站的分类

（一）按车站与地面的相对位置分类

车站分类视频

根据车站与地面的相对位置关系，城市轨道交通车站可分为地下车站、地面车站和高架车站。

1. 地下车站

地下车站一般为地面出入口、中间站厅和地下站台的两层或三层结构形式，地下车站示意图如图 1-1 所示其出入口通道总数不得少于两个。由于建在地下，其工程造价远高于其他两种类型的车站。

2. 地面车站

地面车站设置在地面层，其出入口、站厅、站台分布在同一个平面，其建筑风格应与周围环境相协调。优点是造价低，缺点是占地面积过大，对线路经过的区域造成地面上的人为分割。地面车站如图 1-2 所示。

图 1-1　地下车站

图 1-2　地面车站

3. 高架车站

高架站一般为地面出入口、地面或高架站厅、高架站台的两层或三层结构，如图 1-3 所示，其位于中心城外。高架车站在结构上比较简单，造价大大低于地下车站。由于车站设置于高架上，因此可不考虑环控系统。其缺点是占用的地面空间较大，因此对城市景观影响大。

图 1-3　高架车站

（二）按运营性质分类

按运营性质划分，城市轨道交通车站可分为中间站、区域站、换乘站、枢纽站、联运站和终点站，如图 1-4 所示。

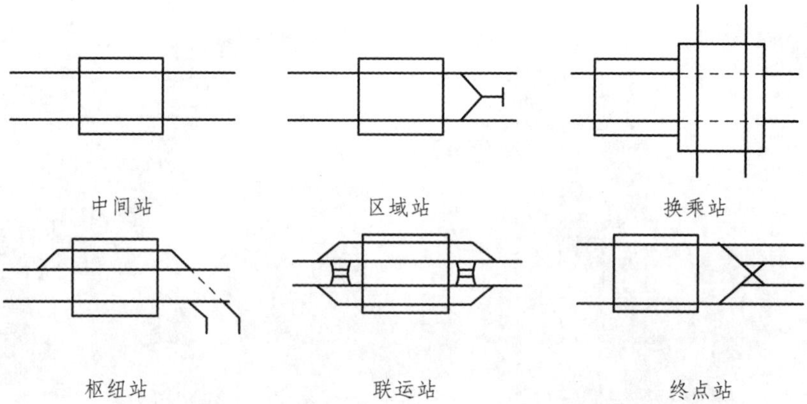

图 1-4　城市轨道交通车站示意图

1. 中间站

中间站是轨道交通线路中数量最多的一种车站，仅供乘客上下车使用，功能单一。少数中间站还设有具备临时停车功能的配线，以便在列车出现故障时及时地进行行车调整。

2. 区域站

区域站又称折返站，设在两种不同行车密度交界处的车站，兼有中间站的功能。站内设有“之”字形的折返线及设备，可改变列车运行方向并可会让列车。可根据客流量大小合理进行行车组织，在两个区域站之间的区段上增加或减少行车密度。

3. 换乘站

换乘站是位于两条及两条以上线路交叉点上的车站，兼有中间站功能。可实现线路之间无需出站即可无缝换乘。

4. 枢纽站

枢纽站是指多种交通工具集中，各条线路的站点较为集中，用于实现不同交通方式转换的车站。枢纽站的布置应注意旅客、行人和车辆的安全，尽量使换车乘客不穿越行车道且步行距离最短。

5. 联运站

联运站是指车站内设有两种不同性质的列车线路来进行联运及客流换乘的车站。联运站具有中间站和换乘站的双重功能。

6. 终点站

就列车开行方向而言，终点站同时也是起点站，又称始发站，是设在线路两端的车站。终点站既设有可供列车全部折返的折返线和设备，也可供列车临时停留检修。

（三）按站台形式分类

按照站台形式不同进行分类，城市轨道交通车站可划分为岛式站台车站、侧式站台车站和岛侧混合式站台车站。

1. 岛式站台车站

岛式站台车站上、下行线分布在站台的两侧，如图 1-5 所示。岛式站台的优点是其站台面积可以得到充分利用，便于集中管理，同车站结构紧凑、设备使用率高、乘客换乘方便；缺点是对线路设计影响大、设计难度大、造价高。根据站台和线路数量的不同，其又可分为一岛式、两岛式等。

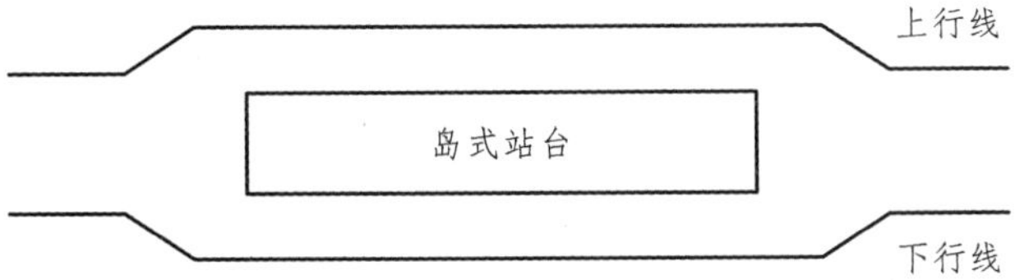

图 1-5　岛式站台车站示意图

三种站台布置形式的动画演示

2. 侧式站台车站

侧式站台车站的站台分布在上、下行线一侧，如图 1-6 所示。优点是站台的横向扩展余地大，双向乘客上下车无干扰，不易乘错方向，对线路设计影响不大，工程造价相对岛式站台低。缺点是站厅客流组织难度大，乘客容易下到错误的乘车站台上。

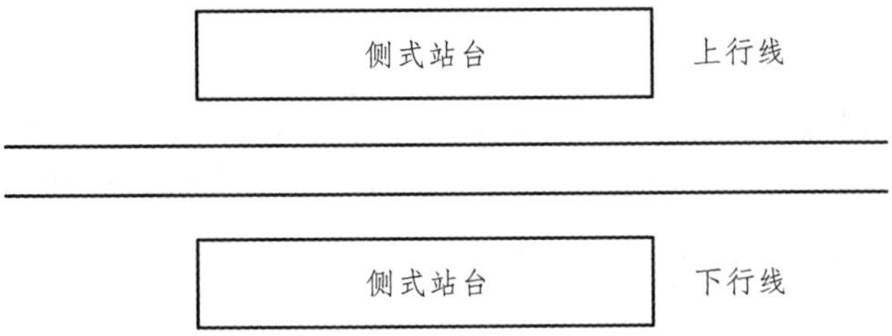

图 1-6　侧式站台车站示意图

3. 岛侧混合式站台车站

岛侧混合式站台车站是既有岛式站台、又有侧式站台的车站，如图 1-7 所示，如一岛两侧式、两岛一侧式等。一般多为终点站（始发站），设有道岔和信号联锁等设备。乘客可以在不同的站台上下车，从而方便车站的客流组织。

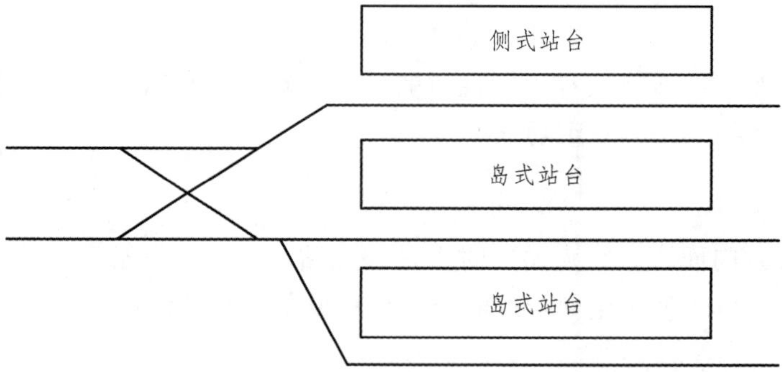

图 1-7 岛侧混合式站台车站示意图

（四）按行车条件分类

根据车站是否具备信号行车站控功能，城市轨道交通车站可分为联锁站与非联锁站。

1. 联锁站

联锁站是具备信号联锁设备，可监控列车运行、排列相关进路以及对列车进行控制的车站。

2. 非联锁站

非联锁站是没有联锁设备，只能监控列车运行而不能排列列车进路的车站。

三、城市轨道交通车站的构成

城市轨道交通车站根据其功能需求一般由出入口及通道、站厅、站台、地面风亭和冷却塔等部分组成。

（一）出入口及通道

车站出入口和通道是客流集散的必经地，乘客必需经过出入口和通道才能进出车站，实现其乘坐列车的目的。车站管理也通过出入口和通道的设置来实现与外界的物理分隔。

1. 出入口

车站出入口是连接轨道交通与外界的窗口，是客流集疏的第一通道，主要作用是吸引和疏散客流，如图 1-8 所示。因此，出入口的位置除了应根据周边环境及城市规划要求进行布置，还应有利于吸引和疏散客流。在车站出入口附近，还应根据需要与可能，设置非机动车和机动车的停放场地。

根据消防疏散要求，车站出入口的设置数量不得少于两个。每个出入口宽度应按远期或客流控制期分向设计客流量乘以 1.1 ~ 1.5 的不均匀系数后计算确定。

设计车站出入口时还应考虑与周边物业的接驳，使其能承担过街通道功能。至少保留一个独立的出入口作为车站的紧急出入口，在车站发生突发事件时，供抢险人员和抢险设备、物资的进出。

图 1-8　出入口

2. 通道

车站的出入口、站厅、站台之间以通道连通，通道可以由步行道、楼梯、自动扶梯等构成，如图 1-9 所示。

车站出入口与站厅相连的通道，长度不宜超过 100 m，超过 100 m 时应采取能满足消防疏散要求的措施。各部位的通过能力，应满足远期客流所需的宽度和数量。地下出入口通道力求短、直，通道的弯折不宜超过三处，弯折角度宜大于 90°。通道设置必要的照明和通风设施，广告设置应注意内容简洁明快，以画面为主，避免文字过多。并应设置有排水沟，处理雨水和墙体渗水等。通道内宜安装一定数量的摄像头，并设一定数量和类别的导向标志以引导乘客的出行。

图 1-9　通道

（二）站厅

站厅是乘客换乘列车的中转层，其主要作用是集散客流，为乘客提供售票、检票、补票、咨询等服务。站厅按其用途不同分为公共区和车站使用区，一般两端为车站使用区，中间为车站公共区。

1. 车站公共区

车站公共区为车站内供乘客进行售检票、通行和乘降的区域。根据乘车权限的不同可划分为付费区和非付费区。以检票闸机和栏杆进行分隔，站厅层闸机以内部分和站台层属于付费区（见图 1-10），是乘客购票后进入站台候车的服务区域；站厅层闸机以外连接通道及出入口的区域属于非付费区（见图 1-11），是乘客购票未正式进入站台前的流动区域。付费区与非付费区的分隔宜采用不低于 1.1 m 的可透视栏栅，并应设置向疏散方向开启的平开栏栅门。客服中心（见图 1-12）设在站厅的付费区和非付费区之间，可同时服务于两个区域的乘客，从而完成售票、咨询、补票等业务。

图 1-10　站厅层付费区部分

图 1-11　站厅层非付费区

图 1-12　客服中心

2. 车站使用区

车站使用区主要供车站工作人员使用，直接或间接为列车运行和乘客提供服务，一般分别设在站厅层和站台层的两端，包括运营管理用房、设备用房和辅助用房三部分（见图 1-13）。运营管理用房是用于保证车站正常运营和营业秩序的，由进行日常工作和管理的部门及人员使用的办公用房，包括站长室、行车值班室、业务室、会议室、公安保卫室、清扫室等。设备用房是用于保证列车正常运行和车站内良好环境条件，但与乘客无直接联系的技术设备用房，一般设在距离乘客较远的地方，包括环控机房、变电所、信号设备用房等。辅助用房是用于保证车站内部工作人员正常工作生活，直接供站内工作人员使用的用房，均设在站内工作人员使用区域内，包括厕所、更衣室、休息室、茶水间等。

（a）运营管理用房：车站控制室

（b）设备用房：信号设备室

（c）辅助用房：员工休息室

图 1-13　车站使用区

（三）站台

站台是最能直接体现车站主要功能的场所，其主要作用是供列车停靠、乘客候车及上、下列车等，如图 1-14 所示。

站台长度由列车长度决定，以本线路远期最大编组列车的长度加列车停车误差来计算。站台上的人行楼梯和自动扶梯沿纵向均匀设置，同时还满足站台计算长度内任一点距最近梯口或通道口的距离不得大于 50 m，其通过能力满足事故疏散时间不大于 6 min。

站台宽度根据高峰时段候车客流及上、下车客流综合计算，并考虑站台上占据有效面积的柱子和楼梯、扶梯等设施，得出满足客流需求的有效宽度。我国的《地铁设计规范》（GB 50157—2013）规定，岛式站台最小宽度应不小于 8 m。

图 1-14　站台

（四）地面风亭和冷却塔

1. 地面风亭

车站地面风亭是为车站及隧道提供通风、换气的设施，在车站或隧道发生火灾时还能排烟，如图 1-15 所示。地下车站应按通风、空调工艺要求设置进风亭、排风亭和活塞风亭。在满足功能的前提下，根据地面建筑的现状或规划要求，风亭可集中或分散布置，风亭宜与地面建筑结合设置，但被结合建筑应满足地铁风亭的技术要求。

图 1-15　地面风亭

2. 冷却塔

冷却塔的功能主要是为车站的环境控制系统散热，也是露出地面的结构，如图 1-16

所示。地下车站设在地上的冷却塔，其造型、色彩、位置应符合城市规划、景观及环保要求。对于有特殊要求的地段，冷却塔可采用沉式或全地下式，同时应满足工艺要求。

图 1-16　冷却塔

任务 1.2

城市轨道交通车站设备组成

城市轨道交通车站设备是城市轨道交通系统中的一线设备，是与乘客关系最为紧密的设备，也与运营管理人员的工作息息相关。通过本任务的学习，学生能了解到乘客从进站到出站的整个过程会经历哪些程序及哪些设备？乘客从进站到出站的整个过程会经历“进站—购票—安检进闸—候车—上车—下车—验票出闸—出站”共 8 个程序，被称为“乘客乘车八步曲”。在不同的程序中，乘客经过的设备不同。从乘客寻找地铁车站出入口进站需要的乘客信息系统，到进入车站站厅购票、检票需要的自动售检票系统，再到站台候车需要的自动扶梯、电梯，以及保证候车良好环境的站台屏蔽门系统、通风空调系统等，这些设备都是城市轨道交通车站正常运营的物质基础，是运营安全的技术保证。

一、乘客信息系统

乘客信息系统是乘客进出站过程中首要的系统设备。地铁车站周边 500 m 范围内的公交车站、商业设施、交叉入口等人流密集的地点应连续设置站外导向标志，方便乘客沿导向标志上的箭头指示方向行走，可以找到最近的地铁车站出入口。进入车站内的引导系统指示明确，方便乘客完成乘车八步曲。

乘客信息系统（Passenger Information System，PIS）是为站内外和列车内的乘客提供有关安全、运营及服务等综合信息显示的系统设备的总称。根据提供信息方式的不同，乘客信息系统分为静态乘客信息系统和动态信息系统两大部分。

静态乘客信息系统主要是指城轨微标和车站乘客导向标识系统，通过颜色、形状等要素传达关于环境、方位等信息，如图 1-17 所示，而动态乘客信息系统是指依托多媒体网络技术，以计算机系统为核心，通过显示终端，让乘客及时准确地了解列车运营信息和公共媒体信息的多媒体综合信息系统，如图 1-18 所示。

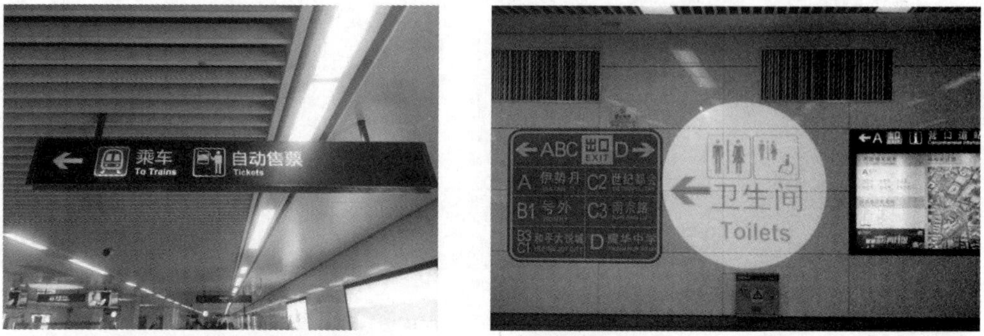

图 1-17　静态乘客信息系统

图 1-18　动态乘客信息系统

二、电梯与自动扶梯系统

电梯与自动扶梯是城市轨道交通站台、站厅、地面间运送客流的主要设备，对及时、快速地疏散客流起着至关重要的作用。城市轨道交通电梯与自动扶梯系统主要包括垂直电梯、自动扶梯及楼梯升降机（或称为轮椅升降台）等机电设备。

自动扶梯是车站必须配置的设备，主要用于解决乘客在车站内的快速疏解问题，如图 1-19 所示。一般在车站出入口和站厅设置上下行自动扶梯，若车站客流量不大，可考虑用楼梯代替下行扶梯。

图 1-19　自动扶梯

垂直电梯（见图 1-20）和楼梯升降机（见图 1-21）主要服务于进出站行动不便的乘客，可根据车站建设成本进行不同的设置。若车站设置的垂直电梯不能直达地面，则必须在车站设置楼梯升降机。

图 1-20　垂直电梯

图 1-21　楼梯升降机

三、自动售检票系统

城市轨道交通自动售检票系统（Automatic Fare Collection，AFC）集计算机、网络、通信、嵌入式系统集成、大型数据库、机电一体化、自动识别、传感和精密仪器加工等多种高新技术为一体，通过高度安全、可靠、保密性良好的自动化信息化系统，实现售票、检票、计费、收费、统计、清分、管理等功能。

自动售检票系统具有五层标准架构，第一层是清分系统，第二层是线路中央计算机系统，第三层是车站计算机系统，第四层是车站终端设备，第五层是车票。

清分系统的功能是统一城市轨道交通自动售/检票系统内部的各种运行参数，进行客流统计分析，收集票务交易和审计数据，并进行数据清分和对账，负责票款的清分和结算。线路中央计算机系统负责采集全线路售/检票数据、设备状态数据和其他运营数据，监视全线路的运行状态，向车站和终端设备下达运营参数和设备控制指令。车站计算机系统担任监视、控制和收集来自车站设备数据的任务。车站终端设备包括自动售票机（见图 1-22）、自动检票机（见图 1-23）、半自动售票机等设备，是面向乘客的操作应用设备。车票是乘客乘车的凭证。

图 1-22　自动售票机

自动售票机外部结构动画

图 1-23　自动检票机

自动检票机外部结构动画

四、站台屏蔽门系统

站台屏蔽门系统是安装于地铁、轻轨等轨道交通车站站台边缘，使轨道和候车区隔离，设有与列车门相对应，可以多级控制开启与关闭滑动门的连续屏障，如图 1-24 所示。屏蔽门的设置不仅能防止人员跌落轨道从而保证乘客安全，为乘客提供一个舒适、安全、美观的候车环境，还能通过隔断区间隧道内热空气与车站内空调风之间的热交换以降低车站空调的运行能耗，同时减少列车运行噪声和减小活塞风对车站的影响。

图 1-24　站台屏蔽门

全高封闭式站台屏蔽门动画

五、综合监控系统

城市轨道交通综合监控系统（Intergrated Supervision Control System，ISCS）是一个高度集成的综合自动化监控系统，主要是通过集成地铁多个主要弱电系统，形成统一的监控层硬件平台和软件平台，从而实现对地铁主要弱电设备的集中监控和管理功能，实现对列车运行情况和客流统计数据的关联监视功能，最终实现相关各系统之间的信息共享和协调互动。通过综合监控系统的统一用户界面（见图 1-25），运营管理人员能够更加方便、有效地监控管理整条线路的运作情况。

图 1-25　车站综合监控系统

城市轨道交通综合监控系统总体结构

综合监控系统应具备控制功能、监视功能、报警管理、趋势分析、报表生成、权限管理、系统组态、档案管理、系统维护和诊断等主要基本功能。此外，综合监控系统还应具备以下主要联动功能：

（1）正常工况下，可启动日常广播和列车进站广播、开关站等功能。

（2）火灾工况下，区间火灾防排烟模式控制、车站火灾消防应急广播、车站火灾场景的视频监控和乘客信息系统的火灾信息发布功能。

（3）阻塞工况下，启动相关车站隧道通风设备功能。

（4）紧急工况下，启动信息共享、联动等功能。

任务 1.3 我国城市轨道交通设备发展历程及趋势

自北京地铁 1 号线于 1965 年建设地铁开始，我国城市轨道交通设备制造与发展进入国产化阶段。伴随着改革开放的脚步和中国城镇化水平的不断提高，人口向城市流动造成城市人口陡增，人们交通出行压力变大，而城市轨道交通则是解决城市出行问题的最佳方案之一，北京、上海、广州、深圳等城市开始加快轨道交通建设，这也标志着我国轨道交通进入一个高速发展时期。我国城市轨道交通设备历经 40 多年的国产化政策实施，城市轨道交通车辆与机电设备系统的国产化工作取得了良好的成绩。

一、我国城市轨道交通设备的发展历程

1. 第一阶段：启蒙阶段

在 1965 年至 1984 年期间，北京地铁 1 号线建成通车运营，这是我国依靠自身力量建成的第一条地铁，车辆和机电设备系统实现全部国内生产，但在当时，设备系统独立分散，技术水平仍处于传统工艺阶段，运营管理以手工操作为主。

2. 第二阶段：实践阶段

改革开放以后，北京、上海、广州等大城市开始加快轨道交通建设，上海地铁 1 号线、北京地铁复八线和广州地铁 1 号线也相继开工建设，这标志着我国轨道交通进入一个快速发展的时期。20 世纪 90 年代，国内生产厂商当时不能提供技术水平较高的系统设备，较早进行城市轨道交通建设的上海 1 号线和广州 1 号线，设备系统开始实现部分继承，核心设备采用最新技术，但信号等关键设备仍大部分需要由国外生产，设备系统自动化程度低。

3. 第三阶段：调整阶段

2000 年以后，南京、武汉、深圳、长春、大连、重庆等城市相继开通运营，大批国内生产厂商通过研发、更新、引进技术或合资，使得中国国内轨道交通工业生产体系快速发展，中国城市轨道交通制造已经形成了与国际水平接近的产业。设备系统多数集成，自动化程度高。

二、我国城市轨道交通设备的发展趋势

城市轨道交通设备市场高速发展的关键驱动因素在于新线的通车与现有线路配车密度的上升。中国城市轨道交通协会给出的《2020 年中国内地城轨交通线路概况快报》中显示，截至 2020 年 12 月 31 日，中国内地累计有 45 个城市开通城市轨道交通，运营线路达 7 978.19 km。2020 年新增线路 1 241.99 km，25 个城市与新线路（段）投入运营，新增运营线路 36 条，新开延伸段或后通段 20 段。此外，2020 年徐州、合肥、济南、宁波 4 市新获批的建设规划线路长度共计 455.36 km，厦门、深圳、福州、南昌 4 市获批调整方案涉及项目新增线路长度共计 132.59 km。

随着我国轨道交通建设的持续推进以及国际市场的不断拓展，我国轨道交通企业的发展前景相当广阔，作为我国在高端制造领域的重要组成部分，我国轨道交通设备经过多年的发展已有了质的飞跃。依托新技术的应用，我国城市轨道交通设备也逐步向智能化、绿色化、生产自主化转变。

（一）设备由满足基本功能向智能化发展

设备智能化是利用先进技术给物质（设备）赋能，以期实现自动化、无人化。智能具有自然科学特征，如智能装备、智能系统。随着物联网、云计算、大数据、人工智能等技术的飞速发展，这些新兴信息技术扩大了应用面，城市轨道交通设备研发也逐步向数字化、网络化、运行自动化、运营智能化方向发展。

例如售检票系统实现无感支付，使车站的功能分区发生改变，对车站布局，特别是公共区的布置带来颠覆性的影响。目前国内地铁票务服务，正由实体票向互联网电子票（如二维码等）转变，未来的发展方向是基于生物特征识别的虚拟或电子票。现有票务通行的方式，主要是通过闸机进出时的验票通行，而以后基于生物特征识别的票种出现后，检票方式可以改为设备虚拟化的无感通行。车站的付费区、非付费区的界限会消失。结合进站安检的要求进一步落实，检票区将逐步迁移到通道或出入口。国内有厂家正在研制一站式票务安检机，这样站厅的检票功能将逐步弱化或退化。随着支付方式多元化，预付费卡支付、手机支付、无感支付、无感安检方式的逐步落实，站厅售票机的数量将逐步减少，闸机将不再是封闭式的了，而是转变为开敞式闸机布置，或仅作为车站乘车的一个管理边界。再随着安检技术的进一步发展，车站闸机可以完全取消，车站的管理边界将进一步前移到出入口。车站原有的付费区和非付费区的边界将逐渐淡化，乘车步骤将简化为无感安检、检票→乘车→检票→出站。

又例如通过应用新一代通信技术和人工智能技术，列车运行已向场景化的全自动运营转变，城轨列车全自动运行系统将持续完善和优化，未来的发展方向是列车运行的智能化、标准化、系列化。

（二）设备顺应节能环保绿色交通理念，经济适用、绿色发展

城市交通是基于城市可持续发展基础上发展的。城市轨道交通运输设备的发展应顺

应节能环保、绿色交通的理念，立足于节省建设期的资源、采用新型环保产品、降低运营期的能源消耗，注重技术与投入、成本与效益、发展与环境的相互协调，研发与应用先进成熟、经济适用、节能环保的技术装备是智慧城轨建设的必要条件。

1. 节省建设期的资源

城市轨道交通发展将立足于国情，树立“安全、可靠、适用、经济、先进”的建设理念，因地制宜，通过设备系统的集成与共享提高系统的功能性，降低轨道线路和相关用房的土建规模，以节省建设期的工程投入。

2. 采用新型环保产品

城市轨道交通会产生环境污染的环节，主要体现在生产生活污废水的排放、列车运行对周边的噪声与振动影响、采暖热源燃料的废气排放、运行中电磁辐射等方面，涉及给排水、通风空调、供电、声屏障和轨道等设备。针对污染环节落实各项环保措施，城市轨道交通领域将加快研发环保型高架系统技术，探索太阳能、地热能源、海洋能源等新型清洁能源在城市轨道交通使用的可能性，并在节能的同时，处理好与环保的关系，从而实现环保的目标。

3. 降低运营期的能源消耗

能源消耗总量过大是城市轨道交通面临的问题。虽然按同等运力比较，轨道交通的能耗比其他交通小，但其大运量的特点，使得其总耗电量仍然相当大。因此降低运营期的能源消耗成了城市轨道交通运输设备发展的重要内容。通过采用一系列的节能手段，运用包括节能坡、线路曲线半径、车辆选型、列车运行速度、再生能量吸收、新型节能设备、设备系统运行方式、建筑节能材料选用等各项优化技术，从而实现降低能源消耗的目的。

（三）全面推进智能技术设备国产化、自主化

现阶段，我国应根据自身实际情况和经济发展水平，立足国内选择合适的设备系统，制定合理的技术等级和技术标准。通过提升技术装备的国产化水平，加快城市轨道交通设备的国产化和产业化。从地铁车辆、信号系统到轨道减振设备，通过引进吸收国外先进设备和技术，应用原始创新、集成创新或引进—消化—吸收—再创新等方式，促进中国城市轨道交通装备迈上新的台阶。坚持自主创新的技术路线，攻克关键核心技术，打造具有我国自主知识产权的、具备市场竞争优势的中国品牌，形成安全可控的技术体系和产业链。

2020 年 3 月，中国城市轨道交通协会在《中国城市轨道交通发展纲要》中提到：我国凭借城轨交通飞速发展虽已步入交通大国行列，但轨道交通发展仍处于成绩与问题共存，机遇与挑战同在的发展阶段，线网规划的前瞻性和科学性、城市内外交通的顺畅性和便利性、乘客服务的智慧化和高品质、运营组织的多元化和智能化、技术装备的自主化和品牌知名度、信息资源的共享度和利用率等方面，与国际先进水平相比仍存在一定

差距，部分关键技术装备、核心零部件和设计软件受制于人的状况是依然存在的。当今世界正处在百年未遇之大变局，我们面临的国内外发展环境纷繁复杂，城轨交通产品技术乃至整个产业的安全可控已成为头等大事。为此，研发并应用拥有自主知识产权的技术、产品、模式，掌握关键核心技术和知识软件，形成具有市场竞争力的民族品牌和中国标准，逐步建立自主可控、安全高效、主导发展的城轨交通技术链和产业链，将是我国城轨交通行业面临的主课题。而利用最新科技成果，推进城轨信息化，发展智能系统，建设智慧城轨，大力开创自主创新发展新局面，正是实现我国城轨发展弯道超车的重要平台。

实训工单 1　城市轨道交通车站及设备认知

<table>
<tr><td>班级</td><td></td><td>指导老师</td><td></td></tr>
<tr><td>姓名</td><td></td><td>学号</td><td></td></tr>
<tr><td>小组成员</td><td></td><td>组长姓名</td><td></td></tr>
<tr><td colspan="2">一、接收工作任务</td><td>成绩</td><td></td></tr>
<tr><td colspan="4">选择所在城市的某个城市轨道交通车站，通过实地调研的形式，完成对该车站的类型、结构及设备组成配置等情况的认知，并展示调研成果</td></tr>
<tr><td colspan="2">二、信息收集</td><td>成绩</td><td></td></tr>
<tr><td colspan="4">1. 城市轨道交通车站的类型
（1）按车站与地面的相对位置分类，车站分为（　　　　）、（　　　　）和（　　　　）。
（2）按运营性质分类，车站分为（　　　　）、（　　　　）、（　　　　）、（　　　　）、（　　　　）和（　　　　）。
（3）按站台的形式分类，车站分为（　　　　）、（　　　　）和（　　　　）。
（4）按行车条件分类，车站分为（　　　　）和（　　　　）。
2. 城市轨道交通车站的构成
城市轨道交通车站主要由（　　　　）、（　　　　）、（　　　　）和（　　　　）构成。
3. 城市轨道交通车站设备组成
（1）乘客从进站到出站整个过程会经历的程序：

（2）与之对应经过的设备有：

</td></tr>
<tr><td colspan="2">三、制订计划</td><td>成绩</td><td></td></tr>
<tr><td colspan="4">1. 根据城市轨道交通车站及设备认知任务要求，制订调研计划</td></tr>
<tr><td>调研方式</td><td colspan="3"></td></tr>
<tr><td>调研时间</td><td colspan="3"></td></tr>
<tr><td>调研地点</td><td colspan="3"></td></tr>
<tr><td>调研内容</td><td colspan="3"></td></tr>
<tr><td colspan="4">2. 请根据作业计划，完成小组成员任务分工</td></tr>
<tr><td>记录员</td><td></td><td>调查员</td><td></td></tr>
</table>

续表

四、计划实施	成绩	

1. 调查员选择要调研的车站，了解车站的基本信息。

调研车站名称	
所属线路	
所在城市及省份	

2. 调研车站的类型。

按车站与地面的相对位置分类，该车站属于	
按运营性质分类，该车站属于	
按站台形式分类，该车站属于	
按行车条件分类，该车站属于	

3. 调研车站的构成。

车站设置出入口数量	
是否有通道连接出入口与站厅	□是　□否
是否有地面风亭和冷却塔	□是　□否

4. 调研车站设备配置情况。

（1）观察乘客信息系统配置情况。

各出入口是否设置有明显的城轨徽标	□是　□否
车站内是否设置明显的乘客导向标识系统	□是　□否
车站内是否设置明显的动态信息系统	□是　□否

（2）观察电梯与自动扶梯系统配置情况。

无障碍电梯设置在哪个出入口	
每个出入口是否设置上行自动扶梯	□是　□否
每个出入口是否设置下行自动扶梯	□是　□否

（3）观察自动售检票系统配置情况。

站厅 A 端是否配置自动售票机	□是　□否
如是，投入服务的自动售票机有几台	
站厅 B 端是否配置自动售票机	□是　□否
如是，投入服务的自动售票机有几台	
设置有几组进站检票机	
设置有几组出站检票机	
是否设置有其他自动售检票系统终端设备	□是　□否
如有，都有哪些设备	

续表

（4）观察站台屏蔽门系统配置情况。

站台屏蔽门是否全封闭式	□是　□否
一侧站台配置有几组屏蔽门	

五、质量检查	成绩	

请实训指导教师检查本组作业结果，并针对实训过程出现的问题提出改进措施及建议。

序号	评价标准	评价结果
1		
2		
3		
4		
综合评价	☆☆☆☆☆	
综合评语 （作业问题及改进建议）		

六、评价反馈	成绩	

请根据自己在课堂中的实际表现进行自我反思和自我评价。

自我反思：____

____。

自我评价：____

____。

实训成绩单

项目	评分标准	分值	得分
接收工作任务	明确工作任务，理解车站在城市轨道交通系统的重要地位	5	
信息收集	了解常见的车站类型、构成等基本情况	15	
制订计划	制订合理的调研计划	5	
计划实施	了解车站基本信息	5	
	调研车站类型	5	
	调研车站构成	5	
	调研车站设备配置情况	45	
质量检查	学生任务完成良好	5	
评价反馈	学生能对自身表现情况进行客观评价	5	
	学生在任务实施过程中发现自身问题	5	
得分（满分100）			

思考与练习

（一）选择题

1. （　　）设在两种不同行车密度交界处的车站，兼有中间站的功能。

A. 区域站　　B. 换乘站　　C. 联运站　　D. 枢纽站

2. 付费区和非付费区以（　　）分隔。

A. 自动检票机　　B. 栏杆　　C. 自动检票机和栏杆　　D. 客服中心

3. （　　）为车站内供乘客进行售检票、通行和乘降的区域。

A. 车站使用区　　B. 公共区　　C. 站厅　　D. 站台

4. （　　）既可供列车全部折返的折返线和设备，也可供列车临时停留检修。

A. 中间站　　B. 区域站　　C. 枢纽站　　D. 终点站

5. 按（　　）分类，城市轨道交通车站分为联锁站和非联锁站。

A. 站地位置　　B. 运营性质　　C. 站台形式　　D. 行车条件

（二）填空题

1. 按车站与地面的相对位置分类，城市轨道交通车站分为__________、__________、__________三大类。

2. 按运营性质进行分类，城市轨道交通车站分为__________、__________、联运站、__________、__________、__________。

3. 按站台形式分类，城市轨道交通车站分为__________、__________、__________。

4. 城市轨道交通车站由__________、__________、__________、地面风亭和冷却塔等组成。

5. 城市轨道交通设备的发展历经__________、__________、__________三个阶段。

6. 乘客乘车八步曲是__________、__________、安检进闸、__________、__________、下车、__________、__________。

（三）判断题

1. 城市轨道交通车站是城市建筑艺术整体的一个有机部分。（　　）

2. 地下车站的造价高于高架车站。（　　）

3. 高架车站需要考虑环控系统，保证车站有舒适的环境。（　　）

4. 城市轨道交通最常见的一种车站是中间站，仅供乘客上下车。（　　）

（四）简答题

1. 简述岛式站台车站与侧式站台车站的优缺点。

2. 简述城市轨道交通车站的功能。

3. 简述城市轨道交通设备的发展趋势。

项目 2
乘客信息系统

【项目导学】

随着地铁线网日益壮大和客流量的逐渐增大，安全出行成为城市轨道交通系统运营管理的首要任务，乘客信息系统的设置目的是在各个环节为乘客提供相应的信息，以帮助乘客顺利、高效、安全地完成进站到出站的整个过程。它承担着直接面向乘客服务、提升乘客有序流动的重要作用，是实现以人为本、进一步提高地铁服务质量、加快各种信息传递的重要设施，是提高地铁运营管理及经营开发水平，扩大对乘客服务范围，满足乘客导乘和服务、应急处理辅助需求的有效工具。

【知识目标】

1. 了解动态乘客信息系统的系统结构。
2. 掌握乘客导向标识系统的作用。
3. 理解动态乘客信息系统的功能。
4. 掌握动态乘客信息系统的信息类型和优先级。

【技能目标】

1. 会认知乘客导向标识系统中的不同类型标识。
2. 会认知动态乘客信息系统的信息类型，能判断信息显示的优先级。

【德育目标】

1. 树立全心全意服务乘客的思想，增强服务社会的成就感。
2. 提升事件处置的优先级判断能力。

【建议学时】

6 学时。

任务 2.1 静态乘客信息系统认知

一、城轨徽标

城轨徽标是城轨企业形象、特征和城市文化的浓缩，以图案简练、清晰醒目、易认易记作为主要特征，通过造型单纯、意义明确、统一并标准的视觉符号展示城市的特色和实力，如图 2-1 所示。城市徽标的主要作用是方便乘客发现城轨车站，吸引乘客后告诉乘客城轨车站出入口的位置。

“地铁”在全球大多数国家中都叫作“metro”，所以地铁标志多数和“metro”中的“m”有关，大多以字母“M”和地铁横切面为原型来设计。

图 2-1　国内部分城市地铁徽标

二、乘客导向标识系统

乘客导向标识系统伴随着城市轨道交通的发展慢慢融入到城市轨道交通车站中，已经成为城市轨道交通车站中不可或缺的一部分。它是通过颜色、形状、图形材料等要素，将各种类型的标识按一定关系组织、以“导航”为目的视觉信息系统。乘客导向标识可采用悬挂（吸顶）、落地、附着或摆放等方式进行设置安装。

（一）乘客导向标识系统的作用

（1）引导乘客安全、顺利及迅速地完成整个车站的旅程。

（2）避免乘客滞留在车站内引起拥堵。

（3）在紧急疏散时，导向标识必须能清晰地引导乘客顺利地离开危险区域及车站。

（二）乘客导向标识系统的设置原则

（1）车站服务标识应设置在乘客最需要得到引导的位置，内容与设置位置相对应，为乘客提供在该位置能满足其行为的最需要的信息。

（2）以选择目的地、行动、确认目的地各个阶段的信息需求进行系统化的综合设计。

（3）导向标识应设置在通道及人流通行区域的中心线，并与人流方向相垂直。在导向标识的宽度范围内，禁止设置商业广告及其他与服务标识内容无关的任何设施。

（4）导向标识系统的设置以进站乘车、下车出站以及站内换乘等行为为基础，使用车站内部设施、观光及过街等行为在不同位置的信息需求。

（5）在人流的交叉点、分流点以及人流的转向处，必须设置相应的导向标识。

（6）辅助导向标识、提示与警告标识等宜平行客流方向设置，且在此类标识视野内，不应布置广告。

（7）在售票处、检票口、出口、站台等人群流动必须停顿处以及卫生间、公用电话等设施处，设置相应的定位标识以及与此相关的地面信息标识。

（8）城市轨道交通车站必须设置独立供电的防灾导向标识系统，由紧急出口导向与紧急出口定位标识组成，紧急出口导向标识应尽可能采用单向导向标识。

（9）消防安全标识应考虑地铁所在城市的特点，不仅要符合国家相关规程、规范要求，还应遵守所在城市的相关消防规定。

（10）组合标识中最重要的信息应布置在标识的中央；同一标识信息的种类不宜过多。

（三）乘客导向标识系统的分类

乘客导向标识系统按照使用功能进行分类，主要分为导向标识、位置标识、综合信息标识、安全标识和无障碍标识五大类。

1. 导向标识

导向标识是由图形标识、（或）文字标识与箭头组合形成，用于指示通往预期目的地路线的公共信息标识。导向标识又可细分为站外导向标识、乘车和换乘导向标识、客运服务设施导向标识、检（验）票设施导向标识、站台导向标识、列车运行方向导向标识、出站导向标识和公共服务设施导向标识 8 小类。

（1）站外导向标识。

站外导向标志一般设置在城市轨道交通车站周边 500 m 左右范围内的公交车站、商业设施、交叉路口等人流密集的地点，用于引导乘客快速地找到车站出入口进站乘车。标识信息内容应包括箭头和城市轨道交通位置标识，宜包括线路名称及线路标志色和车站名称，还可包括距车站的距离等信息。值得注意的是，站外导向标识中的城市轨道交通位置标识应符合相关国家现行标准的规定，不得使用企业徽标代替，如图 2-2 所示。

图 2-2　站外导向标识

（2）乘车和换乘导向标识。

乘车导向标识一般设置在车站出入口、通道、站厅等通往站台通行区域的相应位置。换乘导向标识一般设置在换乘站台通往目的站台通行区域的相应位置。当通行区域行程大于 30 m 时，宜重复设置。地面或侧墙上的附着式乘车、换乘导向标识可作为辅助导向标识，在颜色选择上，应选用线路标志色。乘车、换乘导向标志信息内容应包括箭头、线路名称及线路标志色，宜包括文字注释等（见图 2-3、图 2-4）。

图 2-3　乘车导向标识

图 2-4　换乘导向标识

（3）客运服务设施导向标识。

客运服务设施主要包括自动售票机、自动查询机、自动充值机、乘客服务中心（或客服中心）、自动扶梯、自动步道、楼梯、升降梯等，这些服务设施的导向标识应设置在乘客通往该设施的通行区域的相应位置，便于乘客能够快速地找到该设施所在地，减少站内通行时间。对于自动扶梯、自动步道、楼梯、升降梯导向标识，可考虑与乘车、换乘、出站导向标识组合。客运服务设施导向标识信息内容应包括箭头、图形符号，可包括文字注释等（见图 2-5）。

图 2-5　客运服务设施导向标识

（4）检（验）票设施导向标识。

检（验）票设施导向标识可根据实际运营需要选择设置，需要检（验）票设施导向标识时，检（验）票设施导向标识应设置在站厅非付费区的乘客通往自动检（验）票设备或人工检（验）票口的通行区域的相应位置。检（验）票设施导向标识信息内容应包括箭头、文字注释等（见图 2-6）。

图 2-6　检（验）票设施导向标识

（5）站台导向标识。

站台导向标识应设置在乘客通往站台的通行区域的相应位置，其信息内容除应包括箭头、列车行进方向的文字注释外，还可包括线路名称及线路标志色等（见图 2-7）。

图 2-7　站台导向标识

（6）列车运行方向导向标识。

列车运行方向导向标识应根据站台形式和结构设置在站台的侧墙、立柱或屏蔽门、站台边缘上方等位置。站台上用于列车内乘客视读的列车运行方向导向标识设置的位置应使乘客都能够透过车窗视读。列车运行导向标识信息内容应包括箭头、下一站站名、本站站名，宜包括线路标志色上一站站名等内容（见图 2-8）。值得注意的是，本站站名的字号应大于下一站站名和上一站站名的字号，下一站站名宜比上一站站名醒目。

（7）出站导向标识。

出站导向标识应设置在站台通往出入口的通行区域的相应位置。当通行区域行程大于 30 m 时，可重复设置。出站导向标识信息内容除应包括箭头、出入口编号，还宜包括车站周边信息、文字注释、方位等（见图 2-9）。

图 2-8　列车运行方向导向标识

图 2-9　出站导向标识

（8）公共服务设施导向标识。

公共服务设施主要包括卫生间、公共电话、信息查询机、警务室等设备设施，这些设备设施导向标识应设置在乘客通往该设施的通行区域的相应位置。公共服务设施导向标识信息内容除应包括箭头、图形符号外，还可包括文字注释等（见图 2-10）。

图 2-10　公共服务设施导向标识

2. 位置标识

位置标识由图形标识和（或）文字标识形成，用于表明服务设施或服务功能所在位置的公共信息标识。位置标识又可细分为城市轨道交通位置标识、车站位置标识、客运服务设施位置标识、检（验）票设施位置标识、站台站名标识、车门位置标识、出口位置标识和公共服务设施位置标识 8 小类。

（1）城市轨道交通位置标识。

城市轨道交通位置标识应设置在车站出入口的醒目位置，标识信息内容除应包括标识城市轨道交通的图形，还可包括文字注释等。值得注意的是，标识城市轨道交通的图形应符合相关国家标准的规定，不得用企业徽标代替。若需要增加企业徽标，则标识城市轨道交通的图标应布置在主要位置，企业徽标应布置在次要位置，企业徽标的面积不得大于标识城市轨道交通的图形面积的 1/3，如图 2-11 所示。

图 2-11　城市轨道交通位置标识

（2）车站位置标识。

车站位置标识应设置在车站出入口的醒目位置，标识信息内容除应包括车站名称、线路名称及线路标志色外，还应包括出入口编号、文字注释等（见图 2-12）。车站位置标识可与城市轨道交通位置标识组合设置（见图 2-11）。

（3）客运服务设施位置标识。

自动售票机、自动查询机、自动充值机、乘客服务中心（或客服中心）、升降梯等客运服务设施的位置标识应设置在相应设施的上方或附近位置，标识信息内容应包括图形符号、文字注释，如图 2-13 所示。

图 2-12　车站位置标识

图 2-13　客运服务设施位置标识

（4）检（验）票设施位置标识。

检（验）票设施位置标识宜设置在检（验）票设施的上方。根据运营需要改变检（验）票设施闸口的出/入状态时，检（验）票设施位置标识应能随之显示各闸口的出/入状态。在发生紧急情况时，检（验）票设施位置标识显示的闸口出/入状态信息应与乘客疏散方向一致。检（验）票设施位置标识信息内容应包括图形符号或文字注释（见图 2-14）。轮椅通路宜使用无障碍图形符号。

图 2-14　检（验）票设施位置标识

（5）站台站名标识。

站台站名标识应根据站台形式和结构设置再站台的上方、侧墙、站柱等位置。用于列车上的乘客视读的站台站名标识的设置位置应能够保证乘客可透过车窗视读。站台站名标识信息内容除应包括本站站名外，还宜包括线路标志色等（如图 2-15）。

图 2-15　站台站名标识

（6）车门位置标识。

车门位置标识应设置在站台的列车停车后车门所在位置的地面或屏蔽门上。标识信息内容除应包括图案外，还宜包括箭头图形符号。车站位置标识设置在地面时，应设置在站台安全线以内，引导乘客上下车箭头方向应表示中间下车、两侧上车（见图 2-16）。

图 2-16　车门位置标识

（7）出口位置标识。

出口位置标识应设置在出入口内的相应位置，标识信息内容除应包括出入口编号、文字注释外，还宜包括周边地理信息、方位（见图 2-17）。

图 2-17　出口位置标识

（8）公共服务设施位置标识。

卫生间、公共电话、信息查询机、警务室等公共服务设施的位置标识应设置在相应设施的上方位置，标识信息内容应包括公共服务设施图形符号，可包括文字注释（如图 2-18 所示）。

图 2-18　公共服务设施位置标识

3. 综合信息标识

综合信息标识是由图、表、文字所构成的，用于表达与服务有关的公共信息。综合信息标识主要包括运营时间、轨道交通线路网络图、线路图、票价表（图）、站内示意图、车站所在街区导向图、实时运营信息和公告等。

（1）运营时间。

运营时间应包括本站首末车收车时间、车站开/关门时间（见图 2-19）。在城市轨道交通行程变为网络后，轨道交通运营时间表上还应包括轨道交通线路运营时间。本站首末车时间、车站开/关门时间、轨道交通线路运营时间表宜设置在车站的出入口等适当位置。此外，轨道交通线路运营时间信息的标识还宜设在车厢等处。

图 2-19　运营时间

（2）轨道交通线路网络图。

轨道交通线路网络图宜设置在车站出入口、通道、售票机（处）、站台、车厢等适当位置。图中各条线路应使用标志色，可突出标注本站，且换乘车站应区别于非换乘站，如图 2-20 所示。

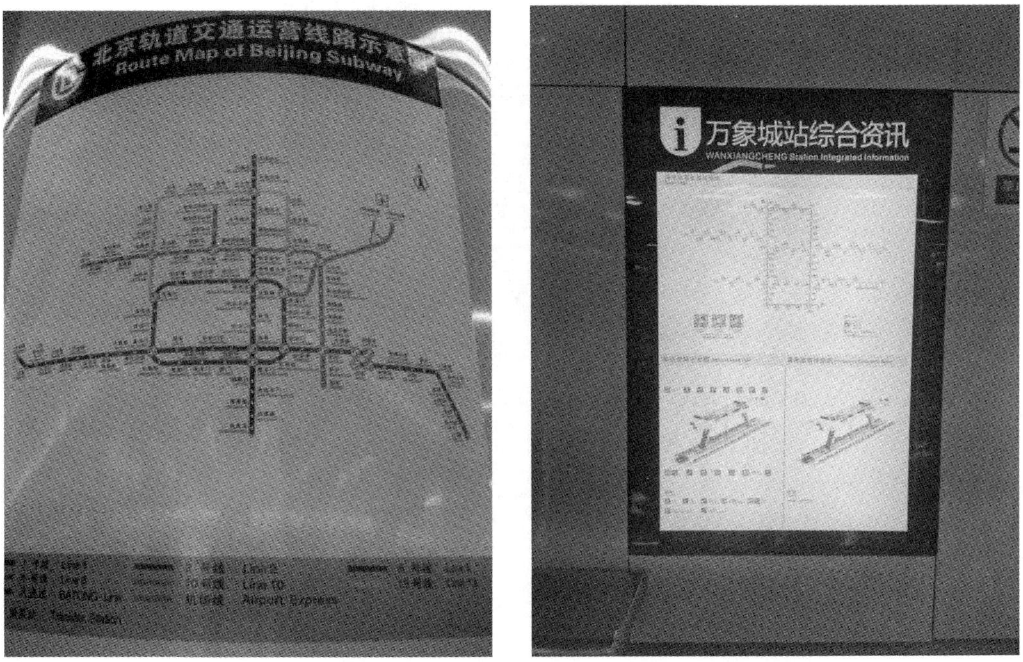

图 2-20　轨道交通线路网络图

（3）线路图。

线路图宜设置在车站出入口、通道、售票机（处）、站台、车厢等适当位置。线路图中的各条线路应使用标志色，应突出标注本站，线路图中的换乘车站应区别于非换乘站，站台上和车厢里的线路图可与列车运行方向标志结合（见图 2-8、图 2-21）。

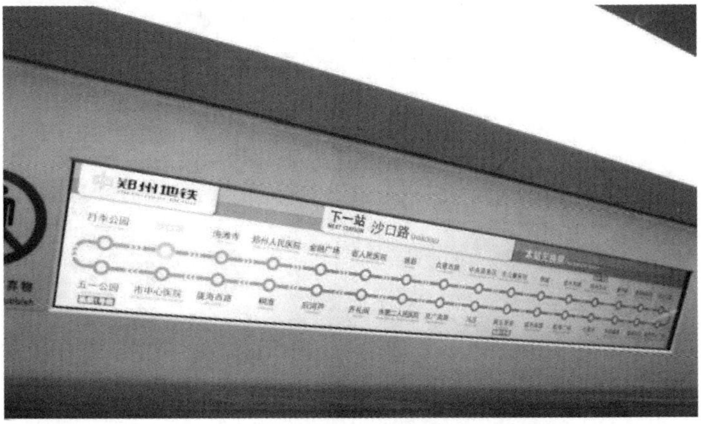

图 2-21　线路图

（4）票价表（图）。

票价表（图）应设置在售票机（处）附近。实行继承票价制时，票价表（图）应突出标注出本站，并标注从本站到达各站的票价（见图 2-22）。

图 2-22　票价表

（5）站内示意图。

站内示意图应设置在车站的站厅、站台等适当位置。示意图中应包含车站功能区域分布、服务设施分布等信息，应标注乘客的当前位置，且信息的方位应与乘客所在位置的实际场景一，如图 2-23 所示。

图 2-23　站内示意图

（6）车站所在街区导向图。

车站所在街区的导向图宜设置在站台和站台通往出入口的通行区域的适当位置，导向图中应包括车站周边道路、主要公共服务机构、著名景区、轨道交通与其他交通工具换乘等重要信息（见图 2-24），可与站内示意图组合设置，形成综合资讯图（见图 2-23）。

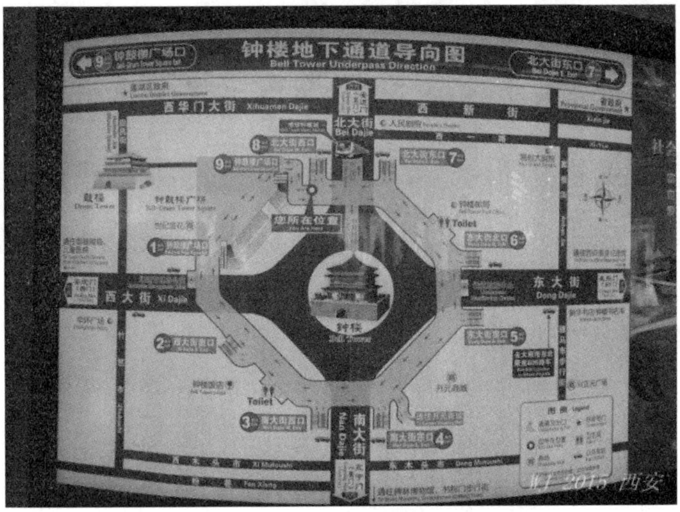

图 2-24　车站所在街区导向图

（7）实时运营信息。

实时运营信息宜在站台、车厢等处发布。发布的实时运营信息宜包括全线运营信息、车站运营信息、列车运营信息等（见图 2-25）。

图 2-25　实时运营信息

（8）公告。

公告宜设置在出入口、通道、站厅、站台、车厢等适当位置。公告宜用于发布乘客在轨道交通公共场所应注意的事项、通知等信息，如图 2-26 所示。

图 2-26　公告

4. 安全标识。

安全标识是通过颜色与几何形状的组合来表达通用的安全信息的，丙炔通过附加图形符号表达特定安全信息的标识。安全标识应包括禁止标识、警告标识、提示标识和消防安全标识。

（1）禁止标识。

禁止标识是禁止人们不安全行为的图形标识。禁止标识的几何图形是带斜杆的圆环，图形符号为黑色，几何图形为红色，背景色为白色。乘客在出入地铁车站、候车、乘车过程中，请勿出现禁止标识提示不能有的不安全行为，以免发生危险。地铁车站内常见的禁止标识包括：地铁内禁止吸烟、禁止携带危险品、禁止跳下站台、禁止入洞、禁止倚靠车门等（见图 2-27）。

图 2-27　禁止标识

（2）警告标识。

警告标识是提醒乘客注意周围环境，避免可能发生的危险的图形标识。警告标识的几何图形是正三角形边框，图形符号、几何图形为黑色，背景色、衬边为黄色。地铁车站内常见的警告标识包括：小心夹手、注意安全、小心地滑、当心火灾、小心碰头等（见图 2-28）。在扶梯的上层入口和下层入口两端常贴有乘坐扶梯需知的警告标识，提醒乘客乘坐扶梯时需注意照顾儿童、靠右站立、小心夹脚和勿运货物等。在洞体墙面上的当心触电标识用于提醒轨道上有高压电，不得随意触碰。在列车的车门上贴有当心夹手的标志，提醒乘客在车门即将关闭时请勿将手放置在车门处，谨防夹伤等。

图 2-28　警告标识

（3）提示标识。

提示标识是向人们提示某种信息（如标明安全设施或场所等）的图形标识。提示标识的几何图形是矩形，图形符号、衬边是白色，背景色是绿色。地铁车站内常见的提示标识包括紧急出口、小心碰头、小心地滑、小心台阶等（见图 2-29）。

图 2-29　提示标识

（4）消防安全标识。

消防安全标识是表明消防设施特征的符号，多以红色图像符号为主，用于说明各种消防设备（如消防按钮，火警电话，手提式灭火器等）、设施安装的位置，便于乘客在发生火灾时找到消防安全设备设施，如图 2-30 所示。

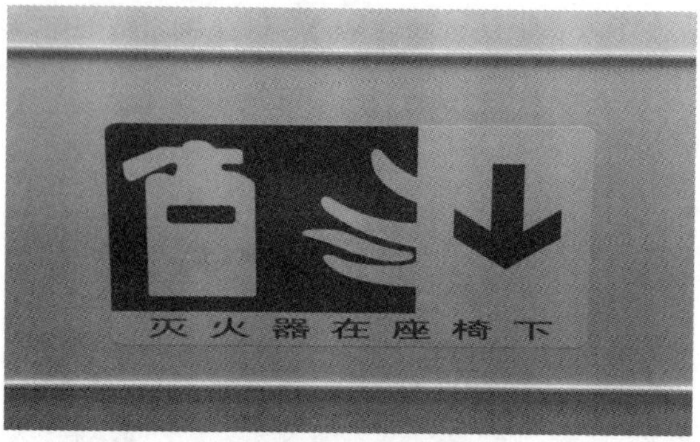

图 2-30 消防安全标识

5. 无障碍标识

无障碍标识是由专为轮椅使用者（老年人、肢体残疾人、伤病人士等）、视觉障碍者使用的图形符号、文字（包括盲文）和有关设备设施等构成，用于向他们提供导向、位置、综合信息服务的标识。无障碍标识包括无障碍设施导向标识、无障碍设施位置标识和视觉障碍者标识。

（1）无障碍设施。

无障碍设施主要包括无障碍通路、自动检票机轮椅通路、升降梯、专用厕所、列车轮椅席等设备设施，导向标识应设置在通过无障碍设施的通行区域的相应位置。无障碍设施导向标识信息内容除应包括箭头、无障碍设施图形符号外，还可包括文字注释等（见图 2-31）。

图 2-31 无障碍设施导向标识

（2）无障碍设施位置标识。

无障碍设施位置标识应设置在无障碍设施的上方等相应位置，导向标识信息内容除应包括无障碍设施图形符号外，还可包括文字注释，如图 2-32 所示。

图 2-32　无障碍设施位置标识

（3）视觉障碍者标识。

车站出入口至站台候车处应连续铺设用于引导视觉障碍者步行的盲道（见图 2-33），合理设置行进盲道和提示盲道，以利于有视觉障碍的乘客顺利、安全地完成进站—乘车—出站的全过程。车站出入口、站厅、站台、楼梯扶手的起点和终点、列车内车门等处应设置盲文触摸信息牌，并可设置声音提示等信息装置。轨道交通线路各车站的视觉障碍者专用标志的设置应符合相关标准规定，设置位置应可能一致，以利于视觉障碍者掌握设置规则，帮助他们发现和使用此标识。

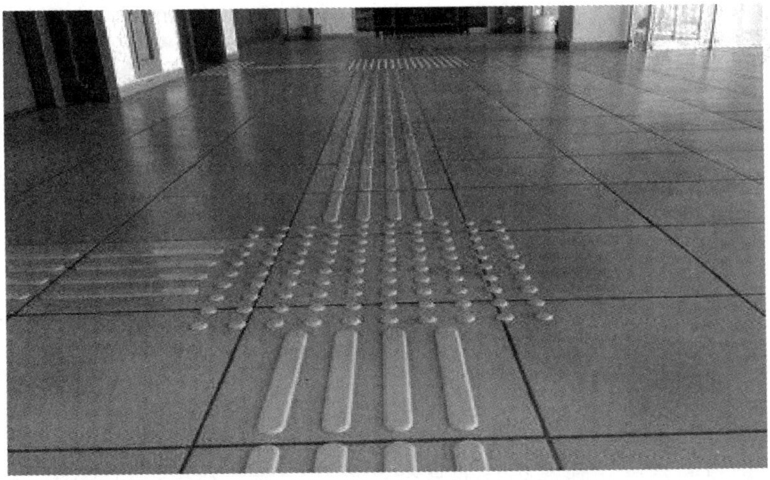

图 2-33　盲道

任务 2.2

动态乘客信息系统认知

现代城市轨道交通系统的运营管理越来越注重对乘客服务质量的提高，动态乘客信息系统（Passenger Information System，PIS）是指依托多媒体网络技术，以计算机系统为核心，通过车站和车载显示终端向乘客发布乘车须知、列车到发时间、换乘指引、运营安全、列车时刻表、动态紧急疏散提示，让乘客通过正确的服务信息引导，安全、便捷地乘坐轨道交通。

典型的 PIS
系统结构动画

一、PIS 系统的发展历程

1. 第一阶段：固定信号引导

在城市轨道交通 PIS 系统发展初期，一般使用硬线接口的以固定文字或者图形的灯箱向导牌为主要手段的乘客引导方式，为乘客提供位置、方向和周围环境标识。因其显示的内容固定单一，所以称为固定信息引导。

2. 第二阶段：可变换信号引导

随着发光二极管（LED）显示技术的发展，在微处理器控制下，可以显示固定信息和以文本信息为主的提示、公告等信息。

3. 第三阶段：对媒体信息引导

随着计算机控制、网络通信和平面显示技术的不断发展和快速提高，它已经可以显示大容量、高清晰的画面，使乘客信息服务系统的显示内容质量获得一个很大的提高。

4. 第四阶段：综合智能引导

随着城市规模的发展，乘客出行的复杂性增加。为了在出行过程中快捷方便地掌握各种信息，产生了由多个系统信息支撑的，有多种出行参考信息供乘客参考的 PIS 系统，我们称之为综合智能引导。

二、PIS 系统的系统结构

PIS 系统由中心系统、域系统、群控制器、显示终端和网络组成，系统由中心、域和群三级控制。

（一）中心系统

中心系统通过接口采集外部信息流，经编辑处理后，生成信息列表，按既定规则或模式播出，目的是向乘客传递信息。

（二）域系统

域系统设备包括域播放控制器、集成化软件模块、线缆和附件等。域系统的主要职能是接收并下载来自中心系统的各类信息内容、系统参数，在发生故障时，可以按照已下载的节目列表和节目内容在本区域显示终端上自动播放。

（三）群控制器

群控制器包括地面群控制器和车载群控制器，系统可根据需要通过群控制器控制某个范围或类型的显示终端。

（四）显示终端

根据不同区域的需要，显示终端分为出入口显示终端、站厅显示终端、站台显示终端、通道显示终端和车载显示终端等，并在各功能区域组成群。

三、PIS 系统的功能

PIS 的功能包括紧急信息功能、显示信息功能、广告播出功能、定时自动播出功能等。

（一）紧急信息功能

1. 预先设定紧急信息

操作员可以让乘客信息系统预先设定多种紧急灾难告警模式，如火警、恐怖袭击等，并设定每种模式的警告信息及各种警告发布参数。当指定的灾难发生时，由自动告警系统或人工触发，使 PIS 进入紧急灾难告警模式。此时，相应的终端显示屏显示警告信息及人流疏导信息。

2. 及时编辑发布紧急信息

地铁在运行中可能会发生非预期的灾难，需要 PIS 及时发布非预期的灾难警告信息，因此要求 PIS 可以及时编辑和发布紧急信息。操作员可以及时编辑各种警告信息，并发布至指定的终端显示屏。

（二）显示信息功能

1. 显示列车服务信息

车站子系统的车站服务器实时的从 ATS 接收列车服务信息，再控制指定的终端显示器显示相应的列车服务信息，如下一班车的到站时间、列车时间表、列车阻塞/异常、特殊的列车服务安排等。

2. 显示时钟

PIS 可以读取时钟系统的时钟基准，并同步整个 PIS 所有设备的时钟，确保终端显示屏幕显示时钟的准确性。屏幕可以在播出各类信息的同时提供日期和时间显示。在没有安装时钟的地方或任何希望在终端显示屏上显示时钟的地方，通过时间表可以设置终端显示屏的全屏或指定的子窗口显示多媒体时钟。

时钟的显示可以为数字的显示方式，也可以为模拟时钟的显示方式。

3. 显示实时信息

屏幕上不同区域的信息可根据数据库信息的改变而及时更新。实时信息的更新可以采用自动的方式或由操作员人为操作实施。实时信息包括新闻、天气、通告等。

通过车站操作员工作站或控制中心操作员工作站，操作员可以即时编辑指定的提示信息，并发布至指定的终端显示屏，提示乘客注意。

操作员可以设定实时信息是否以特别信息形式或者紧急信息形式发放显示，发放高优先级的信息时可以立即打断原来正在播放的信息内容，即时显示。

（三）广告播出功能

PIS 可为城市轨道交通引入一个多媒体广告的发布平台，通过广告的播出，可以为城市轨道交通运营带来更多的广告收入。广告可以分为图片广告、文字广告和视频广告。广告可以与其他各类信息同步播出，有效地提高系统的利用率。

在广告中心子系统，可以预先编辑好各种商业广告节目，再通过广告审片/广告管理工作站，编辑时间表指定广告节目的播放顺序及播放位置，最后将时间表和广告节目数据发布至指定终端显示屏。

时间表播放机制包括：周时间表、日时间表、节目时间表。

（四）定时自动播出功能

乘客信息系统可以提供一套完整的定时自动播出功能。信息的播出可以采用播出表播出的方式，系统可以根据事先编辑设定好的播出列表自动进行信息播出。播出列表可以以日播出列表、周播出列表、月播出列表的形式定制。

四、PIS 系统的信息类型和优先级

（一）PIS 系统支持的信息类型

PIS 系统支持的信息类型包括紧急灾难信息、列车服务信息、乘客引导信息、一般站务信息和公共服务信息、商业信息五种。

1. 紧急灾难信息

（1）火灾警报、台风警报、洪水警报等。

（2）逃逸、疏散方向指示，如紧急出口的指示。

（3）紧急站务警告信息，如停电、停止服务等。

（4）有关乘客人身安全的临时信息，如乘车安全须知。

2. 列车服务信息

列车服务信息包括：列车时刻表、列车阻塞等异常信息、下班车的到站时间（以及下二、三班车的到站时间）、列车组成（4 节、6 节或 8 节）、特殊的列车服务安排信息。

3. 乘客引导信息

乘客引导信息包括：动态指示信息，逃逸、疏散方向指示，轨道交通服务终止通告，换乘站换乘信息，地面交通指示信息。

4. 一般站务信息和公共服务信息

一般站务信息和公共服务信息包括：日期和时钟信息，票务信息，公益广告信息，天气、新闻、股市等信息，地面公共交通信息，安全提示（如当心扒窃）。

5. 商业信息

商业信息包括视频商业广告、视频形象宣传片、图片商业广告、文字商业广告、各类分类广告。

（二）信息显示的优先级

PIS 系统要确保乘客快速安全地到达目的地。在保证安全运营的基础上，可以向乘客提供各类信息服务以及进行商业广告的运作。因此，在乘客导乘信息系统的设计中，应充分考虑每一类信息的显示优先级。高优先级的信息优先显示，相同优先级的信息按照先进先出的规则进行显示。按照这个要求，信息显示的优先级规定如下：

（1）信息类型的优先级按照如下顺序递减：紧急灾难信息、列车服务信息、乘客引导信息、一般站务信息及公共信息、商业信息。紧急灾难信息为最高优先级信息，发生紧急情况时可以终止和中断其他所有优先级的信息的播出。

（2）高优先级的信息可以中断低优先级信息的播出，低优先级的信息不能打断高优先级信息的播出。发生紧急情况时，系统紧急中断当前信息的播出，进入紧急信息播出状态，其他各类信息自动停止播出，系统以醒目的方式提示乘客进行紧急疏散。直到警告解除，才能继续进行其他各类信息的播出。

（3）同等优先级的信息按设定的时间播出序列依次播出。

思考与练习

（一）选择题

1.（　　）应根据站台形式和结构设置在站台的上方、侧墙、站柱等位置。

A. 站台站名标识　　B. 出口位置标识

B. 车门位置标识　　D. 综合信息标识

2.（　　）是指不循序乘客发生相应行为的标志类别，多以红色图形符号为主。

A. 警告标识　　B. 禁止标识

C. 提示标识　　D. 消防安全标识

3.（　　）是通过颜色与几何形状的组合表达通用安全信息。

A. 无障碍设施　　B. 视觉障碍标识

C. 安全标识　　D. 实时运营信息

4. PIS 的功能包括紧急信息功能、（　　）、广告播出功能、定时自动播出功能等。

A. 节目预存功能　　B. 显示信息功能

C. 显示终端状况监视功能　　D. 时间显示和同步功能

5. 设置在车站出入口、通道、站厅等通往站台通行区域的相应位置的是（　　）。

A. 乘车和换乘导向标识　　B. 检验票设施导向标识

C. 客运服务设施导向标识　　D. 站台导向标识

（二）填空题

1. 乘客导向标识系统按照使用功能进行分类，主要有__________、__________、__________、__________、__________五大类。

2. 公共服务设施主要包括__________、__________、__________、__________等设备设施。

3. 安全标识应包括__________、__________、__________、__________。

4. 无障碍设施主要包括__________、__________、__________、__________、__________等设备设施。

5. 导向标志主要由__________、__________与__________组合形成。

6. 乘客信息系统由__________、__________、__________、__________和__________组成。

（三）判断题

1. 站外导向标识一般设置在车站周边 400 m 左右范围内的公交车站、商业设施、交叉路口等人流密集的地点。（　　）

2. 出站导向标识应设置在站台通往出入口的通行区域的相应位置，当通行区域行程大于 30 m 时，不可重复设置。（　　）

3. 可变换信号引导的优点是显示设备标准化、显示信息量大和图像清晰，尤其适合

视频显示。（　　）

4. 中心系统通过接口采集外部信息流，经编辑处理，生成信息列表，按既定规则或模式播出，目的是向乘客传递信息。（　　）

（四）简答题

1. 乘客导向标识系统的作用。

2. 分别写出导向标识、位置标识、综合信息标识、安全标识和无障碍标识的分类。

3. 导向标识设置的原则主要有哪些？

项目 3
电梯与自动扶梯系统

【项目导学】

城市轨道交通车站的电梯与自动扶梯由于其方便、快捷、舒适的特性，已成为输送大量乘客进出车站必不可少的特种设备。每个车站应至少保证一部垂直电梯和自动扶梯。个别无法安装垂直电梯的车站，会有轮椅升降平台；个别无法安装自动扶梯的车站出入口，临近出入口会有垂直电梯、自动扶梯或轮椅升降平台。作为城市轨道交通车站配套的重要设备之一，电梯与自动扶梯系统在运行中一旦出现安全问题，不仅会影响到地铁的正常运行，也威胁到乘客的人身安全。只有在日常运行中，对电梯与自动扶梯系统做好日常保养，采取预防性措施，减少事故发生，在紧急情况下做好应急处理工作，才能更好地保证城市轨道交通车站运营安全。

【知识目标】

1. 了解地铁车站电梯的基本结构。
2. 掌握电梯在地铁运行中的作用。
3. 掌握电梯的常规操作方法。
4. 掌握电梯发生故障时的应急处理方法。
5. 掌握自动扶梯的基本结构。
6. 掌握自动扶梯的工作原理。
7. 掌握自动扶梯故障时的应急处理方法。

【技能目标】

1. 能在电梯发生故障时进行应急处理。
2. 能在自动扶梯发生故障时进行应急处理。

【德育目标】

1. 提升学生的安全生产意识和安全管理意识。
2. 提升学生的突发事件应急处理能力。
3. 提升学生之间的团队协作能力。

【建议学时】

8 学时。

任务 3.1

车站电梯认知、操作及应急处理

电梯是指服务于建筑物内若干特定的楼层，其轿厢运行在至少两列垂直于水平面或与铅垂线倾斜角小于 15°的做刚性轨道运动的永久运输设备。城市轨道交通车站的电梯为无障碍电梯，主要服务于行动不便、携带大件行李、婴儿车等的乘客。因此要求电梯有安全可靠、输送效率高、平层准确和乘坐舒适等。在紧急情况下，车站工作人员要有应对电梯故障的应急处理能力。

一、电梯的基本结构

电梯主要由机械装置与电气控制两部分组成，如图 3-1 所示。其中机械装置包括曳引系统、导向系统、轿厢系统、重力平衡系统、厅轿门和开关门系统、机械安全保护系统等；电气控制系统主要包括控制柜、操纵箱等十多个部件和几十个分别装在各有关电梯部件上的电器元件。根据《地铁设计规范》的规定：当地铁设置电梯用于运送乘客时，应满足坐轮椅者和盲人使用，电梯的提升速度不小于 0.63 m/s，载重量不小于 1 t。

二、电梯在地铁运行中的作用

城市轨道交通车站为了满足行动不便、携带大件行李物品的乘客需求，一般在地铁某个出入口到站厅之间、付费区域内站厅到站台之间的垂直空间部分设置无障碍电梯。电梯系统设计标准规定：电梯平台需距离路面 150 ~ 450 cm，采用玻璃外墙以增加站内透明度，如图 3-2 所示。垂直电梯解决了乘客乘搭地铁时因无法“胜任”走楼梯而存在的生存空间问题，电梯为老人、孩子、残疾人士及日常重物搬运提供了更方便省力的渠道，提高了乘客的舒适度。

目前由于地铁车站垂直运行空间有限，因此所使用的垂直电梯一般都是无机房的垂直电梯。无机房电梯是电梯领域的重大技术创新，在保护环境、减少能耗、节约建筑面积、提高设计自由度等方面有着显著的优势。

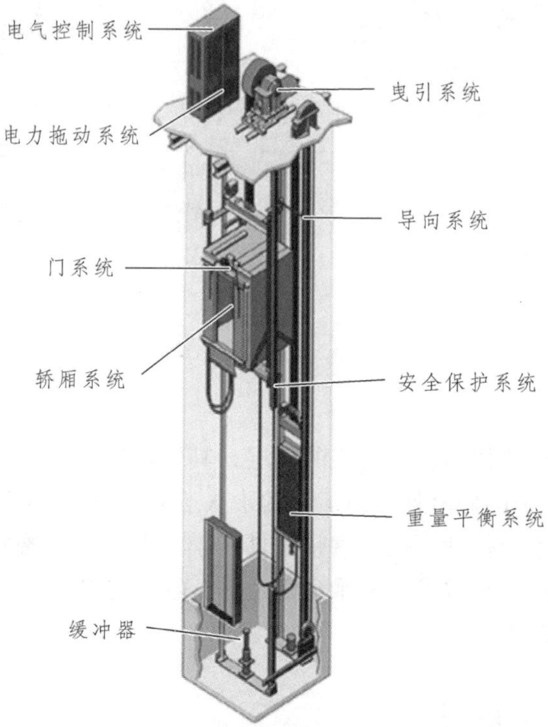

图 3-1　电梯的基本结构

图 3-2　城市轨道交通车站电梯

三、电梯的类型

根据建筑的高度、用途及客流量（或物流量）的不同，各地会设置不同类型的电梯。

（一）按用途分类

（1）乘客电梯：为运送乘客设计的电梯，要求有完善的安全设施以及一定的轿内装饰。

（2）载货电梯：主要为运送货物而设计，通常有人伴随的电梯。

（3）医用电梯：为运送病床、担架、医用车而设计的电梯，轿厢具有长而窄的特点。

（4）杂物电梯：供图书馆、办公楼、饭店运送图书、文件、食品等而设计的电梯。

（5）观光电梯：轿厢壁透明，供乘客观光用的电梯。

（6）车辆电梯：用作装运车辆的电梯。

（二）按驱动方式分类

（1）交流电梯：用交流感应电动机作为驱动力的电梯。根据拖动方式不同又可分为交流单速、交流双速、交流调压调速、交流变压变频调速等。

（2）直流电梯：用直流电动机作为驱动力的电梯。这类电梯的额定速度一般在 2.00 m/s 以上。

（3）液压电梯：一般利用电动泵驱动液体流动，由柱塞使轿厢升降的电梯。

（4）齿轮齿条电梯：将导轨加工成齿条，轿厢装上与齿条啮合的齿轮，电动机带动齿轮旋转使轿厢升降的电梯。

（三）按速度分类

（1）低速梯：指速度低于 1.00 m/s 的电梯。

（2）中速梯：指速度在 1.00 ~ 2.00 m/s 的电梯。

（3）高速梯：指速度大于 2.00 m/s 的电梯。

（四）按操纵控制方式分类

（1）手柄开关操纵电梯：电梯司机在轿厢内控制操纵盘手柄开关，实现电梯的起动、上升、下降、平层、停止的运行状态。

（2）按钮控制电梯：是一种简单的自动控制电梯，具有自动平层功能，常见的有轿外按钮控制、轿内按钮控制两种控制方式。

（3）信号控制电梯：这是一种自动控制程度较高的有司机电梯。除具有自动平层、自动开门功能外，还具有轿厢命令登记、层站召唤登记、自动停层、顺向截停和自动换向等功能。

（五）特殊电梯

（1）斜行电梯：轿厢在倾斜的井道中沿着倾斜的导轨运行，是集观光和运输于一体的输送设备。

（2）立体停车场用电梯：根据停车场的不同可选配不同类型的电梯。

（3）建筑施工用电梯：是一种采用齿轮齿条啮合方式（包括销齿传动与链传动，或采用钢丝绳提升），使吊笼作垂直或倾斜运动的机械，用以输送人员或物料，主要应用于建筑施工与维修。

四、电梯的运作原理

电梯的运作原理（见图 3-3）其实并不复杂，电动机通过由减速器、制动器等组成的曳引机，让曳引钢丝绳通过曳引轮，一端连接轿厢，另一端连接对重装置，利用轿厢与对重装置的重力使曳引钢丝绳压紧在曳引轮绳槽内产生摩擦力，这样电动机一转动就会带动曳引轮转动，驱动钢丝绳，拖动轿厢和对重做相对运动。即轿厢上升，对重下降；轿厢下降，对重上升。于是，轿厢就在井道中沿导轨上、下往复运行，电梯就能执行垂直升降的任务了。

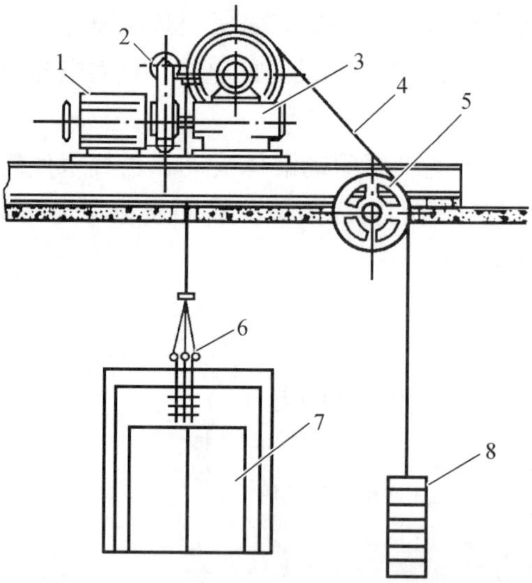

1—电动机；2—制动器；3—减速器；4—曳引绳；5—导向轮；
6—绳头组合；7—轿厢；8—对重装置。

图 3-3　曳引式电梯的曳引传动关系

五、电梯的常规操作

（一）电梯中乘客常规使用部分

电梯一般配置有轿厢内扶手、语音报站功能、盲文按钮和残疾人专用操作盘及残疾人导向标识。

1. 厅外操作盘

厅外操作盘设置在电梯门一侧，配备有：召唤按钮（用于召唤轿厢停靠）、与轿内人员通话的对讲器、钥匙开关（用于将电梯设为停止使用状态）。

2. 轿厢内操作盘

轿内操作盘（见图 3-4）是设置在轿厢内门口两侧轿壁上操纵轿厢运行的电气装置，操作盘上有楼层选择按钮、开门按钮、关门按钮、报警按钮、对讲系统、轿厢位置及其运行方向的显示装置。

图 3-4　桥厢内操作盘

（1）对讲系统。

对讲系统（见图 3-5）包括对讲喇叭、对讲麦克风，可以实现轿厢内乘客与站控室或轿厢外救护人员的通话。

（2）报警按钮。

操作报警按钮（见图 3-6）将激发报警装置，即使正常供电中断，也会由后备电源保证供电。此键被按压后，站控室会有报警，比如，“乘客报警灯”会点亮。

图 3-5　桥内桥外对讲

图 3-6　桥内报警按钮

（3）楼层按钮。

使用时按压所需的楼层按钮（见图 3-7），电梯将会自动到达指定楼层并停稳开门。

图 3-7　楼层按钮

3. 其他功能配备

（1）光幕探测装置。

轿门处设置有光幕探测装置，具有防夹功能。如果光束被遮挡，门会自动停止关闭，并且再度开启。

（2）过载指示器。

过载时，过载指示器显示红灯，如图 3-8 所示，与蜂鸣信号一起提示轿厢过载，此时轿厢停止运行并处于开门状态。过载消除后信号会自动消失，轿厢可恢复正常运行。

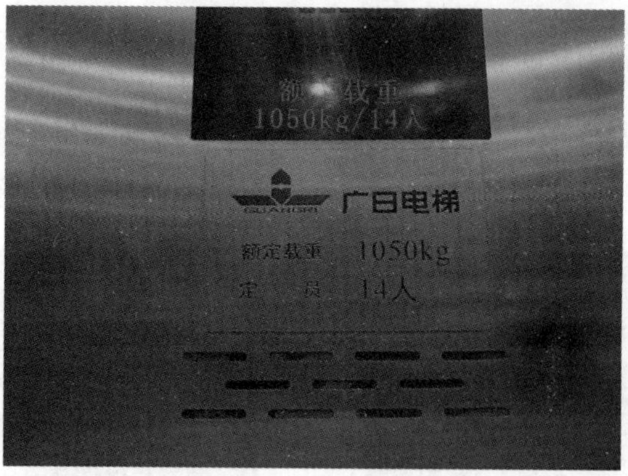

图 3-8　过载指示器

（3）火警指示器

当火警指示器亮灯时，表明有火警事件发生，电梯会直接运行到最高或最低层，电梯门自动打开，请乘客立即离开电梯。

最高层的含义：对于地下站连接地面和站厅层的电梯，其最高层是地面；而连接站厅层和站台层的电梯，其最高层是站厅层。

最低层的含义：对于高架站连接站台层和地面站厅层的电梯，其最低层是地面。

（4）盲文标识

轿厢内各种按钮均有官文标识，以方便所需的乘客，如图 3-9 所示。

图 3-9　盲文标识

（二）电梯的开启与关闭

需要对电梯进行开启操作时，插入钥匙并将钥匙转到“0”位置，然后将钥匙拔出来，再按一般电梯的操作使用，如图 3-10（a）所示。

需要对电梯进行关闭操作时，插入钥匙并将钥匙转到“1”位置，出现“暂停”字样后，电梯重新开关门一次，当电梯再次关好门后电梯关闭。最后拔出钥匙，操作完毕，如图 3-10（b）所示。

扶梯开位“0”　　扶梯开关“1”

（a）电梯开启　　（b）电梯关闭

图 3-10　电梯的开启与关闭

六、电梯故障的应急处理

为了保障电梯乘客在乘梯出现紧急情况时能够得到及时解救，帮助乘客应对电梯发生的紧急情况，避免出现因恐慌、非理性操作而导致的伤亡事故，最大限度地保障乘客的人身安全以及设备安全，城市轨道交通运营企业需要提前做好电梯应急救援预案和应急处理措施。当城市轨道交通车站范围内电梯发生困人等紧急情况时，应按照以下流程进行应急处理。

（一）人员职责

1. 环控调度员

环控调度员作为负责城市轨道交通环境控制系统管理和调度的专业人员，在电梯发生困人的紧急情况时，应承担以下职责。

（1）及时了解设备异常情况和对车站环境带来的影响，通知车站人员进行确认和应急操作工作。

（2）在车站环境或设备无法提供基本的客运服务时，应按照对应的控制中心应急程序执行相关的环境模式，停用或启用相关机电设备。

（3）及时了解设备的故障或异常情况，将故障信息通报相关部门，按照先通后复的原则组织维修人员进行抢险救援工作，尽快恢复正常的运营服务，并进一步跟踪落实设备维修完善。

2. 车站客运人员

车站客运人员作为电梯事故应急处理的现场人员，在电梯发生困人的紧急情况时，应负有以下职责。

（1）及时报告设备异常或故障的具体情况，并按照调度的要求进行现场确认，并保持与调度的联系，上报事情发展的最新情况。

（2）若发现乘客受伤或死亡，则通知车控室联系救护车，以便第一时间处理伤情。

（3）对受困的人员进行紧急的救援，并尽可能的对受困人员提供安抚。

（4）对无法投入使用的乘客服务设备，应及时设置安全护栏和停用标识牌。

（5）对维修人员提供必要的协助。

（6）对事件过程如实进行记录，并积极协助事件调查人员调查事件原因。

3. 维修人员

维修人员作为电梯事故应急处理的专业人员，在电梯发生困人的紧急情况时，应承担以下职责。

（1）接到故障抢险通知后，根据故障情况携带相关工器具赶赴现场救援及排除故障。

（2）按照“先通后复”的原则组织抢险维修，尽可能快地恢复正常的运营服务。

（3）及时将设备故障情况和所需的支援上报部门调度和上级部门。

（4）故障被排除及清楚故障原因后，应对设备进行测试，确认设备运行正常后，恢复设备运行。

（5）及时将设备恢复的情况上报部门调度，并做好故障记录。

（6）进行设备故障原因调查，提交分析报告，落实整改措施。

（二）应急处理措施及程序

如果停电或电梯故障，致使电梯困人，应由经过训练的救援人员根据不同情况，依据下列步骤释放被困乘客。

（1）发生电梯困人事故时，车站客运人员或维修人员与被困乘客取得联系，使其保持镇静，耐心等待救援，并告知被困乘客不可将身体任何部位伸出轿厢外。如果轿厢门处于半开闭状态，维修人员应设法将轿厢门完全关闭。

（2）准确判断轿厢位置，做好救援准备。根据楼层指示灯、电脑显示或打开厅门等方式判断轿厢所在位置，然后设法对乘客进行救援。

（3）轿厢停于接近电梯层站的位置时的救援步骤：

① 关闭机房电源开关。

② 用三角钥匙开启层门。

③ 协助乘客开启层门。

④ 重新关好厅门。

（4）轿厢远离电梯层站时的救援步骤：

① 进入机房，关闭电梯电源开关。

② 在电机轴上安装盘车手轮。

③ 一人用力把住盘车手轮，另一人手持制动释放杆，轻轻撬开抱闸，并注意观察平层标志，使轿厢逐步移动至最接近厅门为止（轿门地坎与厅门地坎相差小于 0.2 m）。

④ 当确认刹车制动无误时，放开盘车手轮。然后按照步骤 3 所列方法实施救援。

⑤ 乘客被救出后必须关闭所开启的层门并保证在外力的作用下也无法打开，立即停用，放置暂停服务牌，报修机电轮值人员。

任务 3.2
车站自动扶梯认知、操作及应急处理

自动扶梯是由一台特种结构型式的链式输送机和两台特殊结构型式的胶带输送机组合而成的，带有循环运动梯路，用以在建筑物的不同层高间向上或向下倾斜输送乘客的固定电力驱动设备。出于成本的考虑，早期多数的城市轨道交通车站内没有设置自动扶梯。而后来加装自动扶梯的原因主要有两个，一方面是为了方便乘客，另一方面更重要的是为了应对大客流，尤其是出站方向的客流，因为列车到站时可能同时有大批乘客下车。在城市轨道交通车站中，自动扶梯主要用来解决乘客的快速疏解问题，即列车到达后，大量的乘客从候车站台向地面站厅疏解。

一、自动扶梯的基本结构

自动扶梯主要由桁架、梯路、动力驱动装置、控制与安全装置四大部分构成，如图 3-11 所示。

图 3-11　自动扶梯

（一）桁架

桁架指支撑梯级、踏板、胶带以及运行机构等部件的金属结构体，如图 3-12 所示。它是扶梯的基础构架，扶梯的所有零部件都装配在桁架中，其主要用角钢、型钢等焊制而成。桁架由 3 部分组成，即上平台、中部桁架与下平台。为保证扶梯处于良好工作状态，桁架刚度高，其允许挠度一般为扶梯上、下支撑点点间距离的 1‰。同时，扶梯桁架设有中间支承，起支撑的作用，而且可随桁架的胀和缩自行调节。

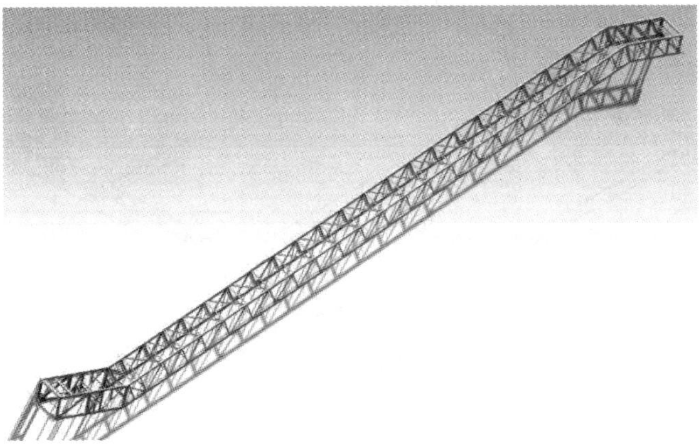

图 3-12　桁架

（二）梯路

梯路是自动扶梯的输送线路，主要包括梯级、梯级链和梯路导轨等。

1. 梯级

梯级是指在桁架上循环运行，供乘客站立的部件，是特殊结构形式的四轮小车，有两只主轮，两只辅轮，如图 3-13 所示。

图 3-13　梯级

2. 梯级链条

梯级链条主要由梯级主轮、内外链片、异型销轴、圆柱销轴、套筒等组成。于梯级两侧各装设一条，两侧梯级链条通过梯级轴连接一起来牵引梯级运行，如图 3-14 所示。

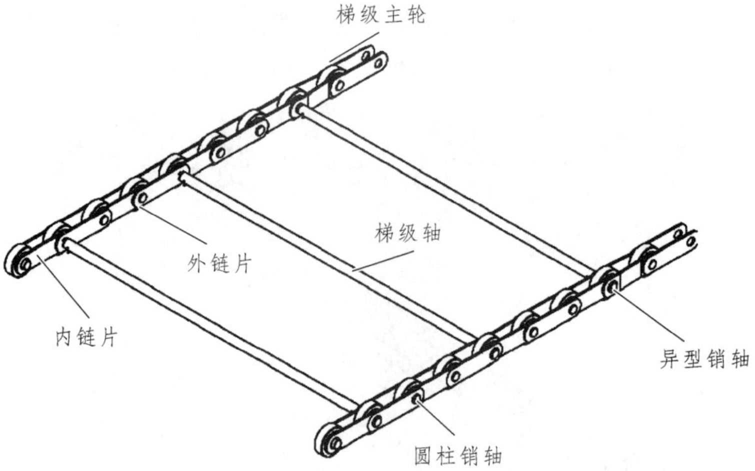

图 3-14　梯级链条

3. 梯路导轨

梯路导轨使梯级按一定的规律运动以防止梯级跑偏，承受梯级主轮和副轮传递来的梯路载荷，其具有光滑、平整、耐磨的工作表面，如图 3-15 所示。

图 3-15　梯路导轨

（三）动力驱动装置

一般自动扶梯的工作强度很大，长时间进行连续不断的强荷载传输。同时又要求自动扶梯有尽可能紧凑的空间，以减少有限空间的占用（如在地下车站内）。因此，要求自动扶梯的动力驱动装置要有足够的刚度、强度，有充分的安全性，尤其是在出现过载情况时；机器零件的耐磨性好，以保持系统能长期、可靠工作；机器零件结构紧凑，同时要求拆装、维修方便。

动力驱动装置主要包括电动机、减速器、制动器、传功链条及驱动主轴。根据其在自动扶梯中安装位置的不同分为端部驱动装置和中间驱动装置两种，前者以牵引链条为牵引件，后者以牵引齿条为牵引件。

1. 电动机

电动机（如图 3-16 所示）一般采用深槽或者双鼠笼异步电动机，具有较大的起动转矩，为降低起动电流，采用星-三角起动，无需调速。现在也有采用交流变频调速的，主要目的是为了节能。在轻载或空载时采用低速。

图 3-16　自动扶梯电动机及传动

2. 制动器

制动器（见图 3-17）是依靠摩擦使机构进行制动的部件。制动器的一方与机构的固定机架相连；另一方与机构的转动件相连。当机构启动时，使摩擦件双方脱离，机构进行运转，当机构需要制动时，使摩擦件的两方接触并压紧，使摩擦面间产生足够的摩擦力矩，消耗机构运动能，从而使运动机构减速，直至停车。

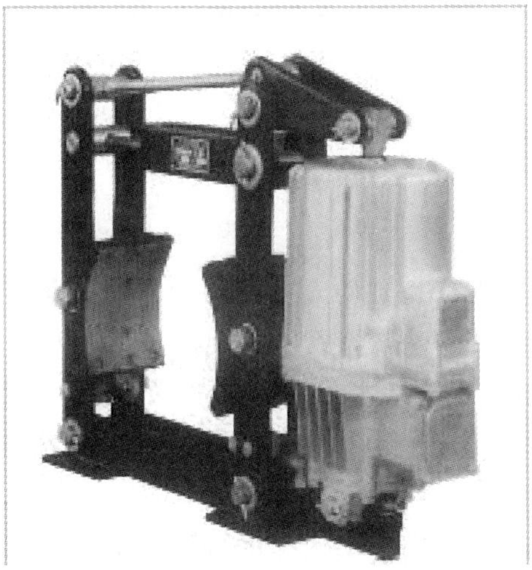

图 3-17　盘式制动器

（四）控制与安全装置

1. 控制装置

梯路、动力驱动装置和金属构架是自动扶梯的必备三大件，决定了自动扶梯的运动规律、荷载能力和运动规模，但为了更好地使自动扶梯能协调、安全地工作，还需要有一系列的控制与安全保障装置，以便使整个自动扶梯的工作更加平稳，并消除乘客乘坐自动扶梯时的后顾之忧。这些装置包括：张紧装置、扶手装置和电气控制设备等。

（1）张紧装置。

张紧装置（如图 3-18 所示）由梯链轮、轴、张紧小车及张紧梯级链的弹簧等组成。张紧装置有重锤式和弹簧式两种。张紧弹簧可由螺母调节张力，使梯级链在扶梯运行时处于良好工作状态。当梯级链断裂或伸长时，张紧小车上的滚子精确导向产生位移，使其安全装置（梯级链断裂保护装置）起作用，扶梯立即停止运行。

张紧装置主要有以下几个作用：

① 使自动扶梯的牵引链条获得必要的初张力，以保证自动扶梯的正常运转。

② 补偿牵引链条在运转过程中的伸长。

③ 牵引链条及梯级由一个分支过渡到另一分支的改向功能。

④ 梯路导向所必需的部件，如转向壁等均装在张紧装置上。

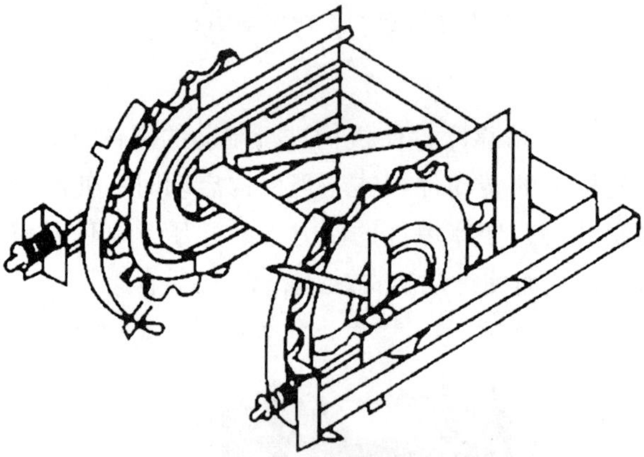

图 3-18　张紧装置

（2）扶手装置。

扶手装置是指位于自动扶梯和自动人行道两侧，对乘客起安全防护作用，也便于乘客站立扶握的部件，包括围裙板、护壁板、盖板和移动扶手带。

围裙板是扶手装置内最下面的壁板，位于内盖板下面，与梯级相邻并有很小的缝隙。自动扶梯的梯级之间、梯级与上下端站及四周围裙板之间设置有“围裙板防夹装置”，如图 3-19 所示。

移动扶手带是一种带式输送机，在扶梯运行时供乘客扶握，与梯路同步运动，保证乘客的乘坐安全，如图 3-20 所示。位于扶手装置的顶面，与梯级同步运行，是供乘客扶握的带状部件，扶手带由多种材料组成，主要为天然（或合成）橡胶、棉织物（帘子布）、钢丝或钢带等。扶手带的标准颜色为黑色。

护壁板是扶手装置的主要板部分，位于移动扶手带下方，由玻璃制成。盖板是自动扶梯扶手装置的装饰性盖沿运行方向延伸。

图 3-19　围裙板防夹装置

图 3-20　移动扶手带

2. 安全装置

安全装置主要是为了防止自动扶梯在工作中可能出现的危及乘客安全的事故或在出现这种事故后能及时中断自动扶梯的运行，减少可能造成的对乘客的伤害，安全装置可分为必备安全装置与辅助安全装置两大类。

（1）必备安全装置。

必备安全装置主要包括工作制动器、紧急制动器、速度监控装置、牵引链条伸长或断裂保护装置、梳齿板保护装置、急停按钮等。对于城市轨道交通车站工作人员而言，需要对急停按钮有基本认识以及能够在紧急情况下操作急停按钮使自动扶梯迅速停止运行。

急停按钮是一个红色紧急开关，如图 3-21 所示。遇有紧急情况，按下该开关，即可立即停车。急停按钮在扶手盖板上装有上下各一个的红色紧急开关，在上面或紧靠它的地方标上“停止”字样。紧急开关装在醒目而又容易操作的地方。对于提升高度超过 12 m

的自动扶梯及使用区段长度超过 40 m 的自动人行道，应增设附加停止装置，并使各附加停止装置的距离分别不超过 15 m 和 40 m。在遇有紧急情况时，按下开关，即可立即停车。

未设置主开关的驱动站和转向站应设置能使自动扶梯或自动人行道停止运行的停止开关。停止开关应能切断驱动主机电源并使工作制动器制动。停止开关应为手动的，具有清晰的、永久性的转换位置标记，且符合安全触点要求。

图 3-21　急停按钮

（2）辅助安全装置。

辅助安全装置主要包括辅助制动器、机械锁紧装置、梯级上的黄色边框、裙板上的安全刷和扶手胶带同步监控装置等。

① 辅助制动器：起自动扶梯停车时的保险作用。

② 机械锁紧装置：在自动扶梯运输过程中或长期不用时，将驱动机组锁紧。

③ 梯级上的黄色边框：安全站立区域显示标志。

④ 裙板上的安全刷：防止梯级与裙板之间夹住异物。

⑤ 扶手胶带同步监控装置：保证扶手与梯级的速度同步，保证乘客的安全乘降。

二、自动扶梯的特点

与一般电梯不同的是，自动扶梯具有连续输送功能，能够在较短时间内输送大量乘客，其主要特点包括：

（1）输送能力大，生产效率高，能连续运送乘客，特别适合于有大量人流汇集与疏解的场所，如商店、车站、机场、码头等，地下车站尤是如此。

（2）自动扶梯能逆转，上下行都能运转，同时近来又出现旋转式和平行式等新型自动扶梯，以满足不同场所的需要，甚至可以实现在车站从候车站台到地面出入口的连续输送。

（3）与一般电梯不同，当停电或重要零件损坏需停车时可用作普通扶梯。

（4）自动扶梯构成中有水平区段，会产生附加的能量损失，同时，提升高度较大时，乘客在自动扶梯上停留时间较长。

（5）造价较高。对于自动扶梯，一般要求其运行安全、平稳、结构紧凑、可靠程度高，同时为提高自身的运行效率（运营的经济性），自动扶梯应该有智能控制的功能。

三、自动扶梯的运作原理

一系列的梯级与两根牵引链条连接在一起，在沿一定线路布置的导轨上运行即形成自动扶梯的梯路。牵引链条绕过上牵引链轮、下张紧装置并通过上、下分支的若干直线、曲线区段构成闭合环路。这一环路的上分支中的各个梯级（也就是梯路）应严格保持水平，以供乘客站立。上牵引链轮（也就是主轴）通过减速器等与电动机相连以获得动力。扶梯两旁装有与梯路同步运行的扶手装置，以供乘客扶手之用。扶手装置同样由上述电动机驱动。为了保证自动扶梯乘客的绝对安全，要求装设多种安全装置。

四、自动扶梯的常规操作

城市轨道交通车站自动扶梯的常规操作包括自动扶梯运行前的准备工作、自动扶梯的开启与关闭。

（一）自动扶梯运行前的准备工作

自动扶梯运行前需要进行“一检查三确认”的准备工作，具体为：

（1）检查扶梯踏板、扶手带、梳齿板和裙板、裙板与梯级间的间隙。除去夹在里面的碎纸、小石子、口香糖等物。

（2）用手感触裙板，确认其上的润滑剂是否充分，如果不充分，需通知维修人员。

（3）确认自动扶梯周围的安全设施（三角区的护板，防止进人的栅栏、隔板及防护网）有无破损等异状，自动扶梯三角区的护板如图 3-22 所示。

（4）确认紧急按钮是否处于正常状态。如处于动作状态，需将其恢复到正常状态。

图 3-22　自动扶梯三角区护板

（二）自动扶梯的开启操作

（1）将钥匙插入操作盘上报警停止开关鸣响警笛，发出信号将开始运转，放手后钥匙将回到中央位置，将其拔出。

（2）确认自动扶梯周围扶梯踏板和梯级上没有人时，将钥匙插入运行开关后，向需运行方向（上或下）旋转，自动扶梯开始工作，放手后钥匙将回到中央位置，将其拔出（启动时一只手旋转钥匙，同时一只手轻按住急停开关，当出现异常时及时按动急停开关）。

（3）确认扶手带是否正常工作，如有异常声响或振动时，要立即按动紧急停止按钮，停住自动扶梯，同时通知维修人员。

（4）确认正常运转后，再试运转 5 ~ 10 min。

（5）如果试运转中按动过紧急停止按钮，在问题处理后，必须将红色罩复原。

（三）自动扶梯的关闭操作

（1）确认有无异常声响或振动发生。如有问题应使自动扶梯停止运作。

（2）停止之前，不允许乘客进入自动扶梯的梯口。

（3）将钥匙插入报警停止开关鸣响警笛。

（4）确认自动扶梯附近或扶梯梯级上无人后，再用钥匙开启停止开关，自动扶梯则停止运行。

（5）一天的正常运行结束后须认真检查并清扫扶梯踏板、扶手带、梳齿、裙板以及扶梯。

（6）正常停止扶梯后，应采取措施，如用栅栏等挡住乘梯口以防有人将其当作楼梯使用。

五、自动扶梯的应急处理

不同于电梯，自动扶梯大部分安装在城市轨道交通车站人流集中之处，加上部分乘客对如何安全乘坐自动扶梯缺乏应有的常识，自动扶梯在运行中一旦突然发生梯级塌陷或急停等事故，容易出现乘客受伤、严重时甚至死亡等后果，因此，城市轨道交通运营企业需要提前做好自动扶梯应急救援预案和应急处理措施。当城市轨道交通车站范围内自动扶梯在运行中突然发生梯级塌陷或急停等紧急情况时，应按照以下流程进行应急处理。

（1）车站的客运人员发现故障后，立即针对设备做好安全防护工作，禁止乘客进入。

（2）维修人员接到故障通知后，30 min 内赶到现场，并利用专用工器具对故障进行查询及对设备进行全面检查。

（3）当维修人员自身无法处理故障需要技术人员协助处理时，技术人员接到通知后应在 2 h 内赶到现场协助处理。

（4）故障处理完毕后，维修人员回报部门调度消除故障号，填写故障处理记录。

（5）重大设备故障由技术人员进行分析并提供故障处理分析报告，以避免今后出现同类故障，同时制定故障处理程序。故障分析报告则存入资料档案。

（6）若发生电梯引起乘客受伤的事件，车站的客运人员立即按动红色应急停止按钮，使自动扶梯停止运行，尽快将伤员送到医院，并对设备做好安全防护，保护现场。

（7）部门主管和分管领导接到通知后，尽快赶到现场指挥。

（8）维修人员应立即利用专用工器具对故障进行查询及对设备进行全面检查。只有故障完全查清楚及处理完毕后，设备才能恢复运行。事后，对故障进行分析总结，避免类似事件再次发生，同时制订故障处理程序。故障分析报告则存入资料档案。

实训工单 2　电梯故障导致乘客被困应急处理

<table>
<tr><td>班级</td><td></td><td>指导老师</td><td></td></tr>
<tr><td>姓名</td><td></td><td>学号</td><td></td></tr>
<tr><td>小组成员</td><td></td><td>组长姓名</td><td></td></tr>
<tr><td colspan="2">一、接收工作任务</td><td>成绩</td><td></td></tr>
<tr><td colspan="4">小明是某地铁车站一名行车值班员，通过 ISCS 获知 A 端电梯召援报警，发现电梯上行至中间层与站台层之间的位置时突然暂停向上运行从而导致乘客被困，需要通知协调各专业人员展开应急救援。电梯内共困 6 人，无人受伤</td></tr>
<tr><td colspan="2">二、信息收集</td><td>成绩</td><td></td></tr>
<tr><td colspan="4">1. 电梯报警处理
（1）行车值班员通过 ISCS 获知垂直电梯召援报警，指定（　　　　）前往查看，当（　　　）垂直电梯困人后立即报告值班站长前往处理。
（2）现场人员前往现场查看，当确认垂直电梯困人（乘客人数、有无受伤等）后立即将情况报告（　　　）。
（3）值班站长立即携带（　　　　　　）和（　　　　）前往现场，通知启动（　　　　　　　），组织救援。
2. 电梯应急处理
（1）行车值班员依次通知（　　　）、（　　　），通过（　　　）观察现场情况，并利用（　　　）安抚乘客，提醒乘客不要强行开门。
（2）现场人员立即用（　　　　）、（　　　　）将垂直电梯门口（　　　），（　　　）围观乘客。
（3）值班站长到达现场（　　　）乘客，缓解乘客情绪，并须告知乘客（　　　）自行设法离开、不要依靠轿厢门、不要擅自扒开、撬砸轿厢门。维修人员到场后，协助处理。
3. 被困乘客解救后处理
（1）乘客被解救出来后，值班站长询问乘客（　　　　），确认乘客无受伤情况后，保留好乘客的（　　　　）以及（　　　　），并做好安抚处理工作。
（2）行车值班员在乘客被解救后，确认电梯（　　　　），投入运营。立即将情况报（　　　），回复电梯恢复正常运营。</td></tr>
<tr><td colspan="2">三、制订计划</td><td>成绩</td><td></td></tr>
<tr><td colspan="4">1. 根据电梯故障导致乘客被困应急处理任务要求，制订计划。</td></tr>
</table>

续表

操作流程		
序号	作业项目	操作要点

2. 请根据作业计划，完成小组成员任务分工。

行车值班员		值班站长	
站务员		行调等其他人员	

作业注意事项

作业工器具			
序号	名称	数量	清点
			□已清点
			□已清点
			□已清点
			□已清点

四、计划实施	成绩	

1. 行车值班员通过ISCS获知垂直电梯召援报警，指定就近人员前往查看，当确认垂直电梯困人后立即报告值班站长前往处理。

<table>
<tr><td rowspan="4"></td><td>确认垂直电梯报警是否属实</td><td>□是　□否</td></tr>
<tr><td>确认是否通知就近人员查看</td><td>□是　□否</td></tr>
<tr><td>确认垂直电梯是否困人</td><td>□是　□否</td></tr>
<tr><td>确认是否报告值班站长处理</td><td>□是　□否</td></tr>
</table>

2. 现场人员前往现场查看，当确认垂直电梯困人（乘客人数、有无受伤等）后立即将情况报告车控室。

续表

	确认垂直电梯是否困人	□是 □否
	确认乘客人数	
	确认是否有乘客受伤	□是 □否
	确认是否报告车控室	□是 □否

3. 值班站长立即携带电梯专用钥匙和对讲机前往现场，通知启动电梯困人应急预案，组织救援。

	确认是否携带电梯专用钥匙	□是 □否
	确认是否携带对讲机	□是 □否

4. 行车值班员依次通知电梯维修人员、环调，通过 CCTV 观察现场情况，并利用直通电话安抚乘客，提醒乘客不要强行开门。

	确认是否通知相关人员	□是 □否
	确认是否通过 CCTV 观察现场情况	□是 □否
	确认是否通过直通电话安抚乘客	□是 □否

5. 现场人员立即用隔离带、电梯停用标识牌将垂直电梯门口隔离，疏散围观乘客。

	确认是否使用隔离带	□是 □否
	确认是否使用电梯停用标识牌	□是 □否
	确认是否疏散围观乘客	□是 □否

6. 值班站长到达现场安抚乘客，缓解乘客情绪，并须告知乘客切勿自行设法离开、不要依靠轿厢门、不要擅自扒开、撬砸轿厢门。维修人员到场后，协助处理。

	确认是否安抚乘客	□是 □否
	确认是否告知乘客注意事项	□是 □否
	确认是否协助维修人员处理	□是 □否

7. 乘客被解救出来后，值班站长询问乘客身体状况，确认乘客无受伤情况后，保留好乘客的联系方式以及现场证据，并做好安抚处理工作。

	确认是否询问乘客身体状况	□是 □否
	确认是否保留乘客联系方式	□是 □否
	确认是否保留现场证据	□是 □否
	确认是否做好后续安抚处理工作	□是 □否

8. 行车值班员在乘客解救后，确认电梯恢复正常，投入运营。立即将情况报环调，回复电梯恢复正常运营。

	确认是否确认电梯恢复正常运营	□是 □否
	确认是否上报情况给环调	□是 □否

续表

五、质量检查	成绩	

请实训指导教师检查本组作业结果，并针对实训过程出现的问题提出改进措施及建议。

序号	评价标准	评价结果
1		
2		
3		
综合评价	☆☆☆☆☆	
综合评语（作业问题及改进建议）		

六、评价反馈	成绩	

请根据自己在课堂中的实际表现进行自我反思和自我评价。

自我反思：________________________________。

自我评价：________________________________。

实训成绩单

项目	评分标准	分值	得分
接收工作任务	明确工作任务，理解电梯困人应急预案在应急救援处置过程的重要性	5	
信息收集	掌握电梯困人应急处理流程的关键点	15	
制订计划	制订合理的调研计划	5	
计划实施	岗位职责分工合理，团结协作	10	
	携带作业工器具正确	10	
	应急处理流程正确	30	
	仪容仪表符合规定，精神状态饱满	10	
质量检查	学生任务完成良好，操作过程规范	10	
评价反馈	学生能对自身表现情况进行客观评价	5	
	学生在任务实施过程中发现自身问题	5	
得分（满分100）			

思考与练习

（一）选择题

1.（　　）为运送乘客设计的电梯，要求有完善的安全设施以及一定的轿内装饰。

A. 观光电梯　　B. 医用电梯　　C. 乘客电梯　　D. 载货电梯

2. 按（　　）分类电梯可分为交流电梯、直流电梯、液压电梯、齿轮齿条电梯。

A. 驱动方式　　B. 操纵控制方式　　C. 用途　　D. 速度

3.（　　）包括扶手盖板、扶手导向、护壁板、围裙板和外包板。

A. 梯级链条　　B. 梯路导轨　　C. 桁架　　D. 扶手装置

4. 自动扶梯的倾斜角度不应大于（　　）度。

A. 45　　B. 40　　C. 30　　D. 35

5.（　　）是为防止自动扶梯在工作中可能出现的危及乘客安全的事故或在出现这种事故后能及时中断自动扶梯的运行。

A. 张紧装置　　B. 安全装置　　C. 扶手装置　　D. 辅助安全装置

（二）填空题

1. 电梯的结构组成部分，可分为＿＿＿＿＿＿与＿＿＿＿＿＿两部分。

2. 电梯一般配置有＿＿＿＿＿＿、＿＿＿＿＿＿、＿＿＿＿＿＿和＿＿＿＿＿＿及＿＿＿＿＿＿。

3. 自动扶梯主要由＿＿＿＿＿＿、＿＿＿＿＿＿、＿＿＿＿＿＿和＿＿＿＿＿＿四大部分构成。

4. 自动扶梯的辅助安全装置主要包括有＿＿＿＿＿＿、机械锁紧装置、＿＿＿＿＿＿、裙板上的安全刷和＿＿＿＿＿＿等。

5. 轿内操作盘是设置在轿厢内门口两侧轿壁上操纵轿厢运行的电气装置，操作盘上设置有楼层选择按钮、＿＿＿＿＿＿、关门按钮、报警按钮、＿＿＿＿＿＿、＿＿＿＿＿＿及＿＿＿＿＿＿。

（三）判断题

1. 当火警指示器亮灯时，表明有火警事件发生，电梯会直接运行到最高或最低层，电梯门自动打开，请乘客立即离开电梯。（　　）

2. 城市轨道交通车站自动扶梯的常规操作包括自动扶梯运行后的准备工作、自动扶梯的开启与关闭。（　　）

3. 一般自动扶梯的工作强度很大，它们会长时间进行连续不断的强荷载传输。同时又要求自动扶梯有尽可能紧凑的空间，以增加有限空间的占用（如在地下车站内）。（　　）

4. 梯路、动力驱动装置和金属构架是自动扶梯的必备三大件，决定了自动扶梯的运动规律，荷载能力和运动规模，但为了更好地使自动扶梯能协调、安全地工作，还需要有一系列的控制与安全保障装置，以便使整个自动扶梯的工作更加平稳，并消除乘客乘坐自动扶梯的后顾之忧。（　　）

5. 城市轨道交通车站为了满足行动不便、携带大件行李物品的乘客需求，一般在地铁某个出入口到站厅之间、付费区域内站厅到站台之间的垂直空间部分设置无障碍电梯。（　　）

（四）简答题

1. 简单描述一下电梯的基本结构有哪些。
2. 自动扶梯的运作原理包含哪些内容？
3. 简述自动扶梯的应急处理过程。
4. 电梯在运行中起到哪些作用？

项目 4
自动售检票系统

【项目导学】

城市轨道交通自动售检票系统简称 AFC 系统，是乘客在乘坐城市轨道交通出行的过程中为他们提供购票、检票、计费、扣费等综合业务自助服务的设备系统，随着城市轨道交通网络化运营和客流量不断增长，相比于传统人工售检票方式，自动售检票系统能够有效防止假票、逃票、现金找零、职工徇私舞弊等问题，有效地提高了城市轨道交通客运管理和城市信息化建设水平。

【知识目标】

1. 掌握自动售检票系统的定义。
2. 掌握自动售检票系统的架构组成及各层级功能。
3. 了解自动售检票系统的发展趋势。
4. 掌握自动售检票系统传统终端设备的结构、功能和操作方法。
5. 理解基于“互联网+”的自动售检票系统终端设备的结构和功能。

【技能目标】

1. 对自动售检票系统终端设备的结构组成有认知。
2. 会进行自动售检票系统终端设备的操作。

【德育目标】

1. 提升学生的创新精神和精益求精的工匠精神。
2. 提升学生的团队合作精神，增强学生的团结协作能力。
3. 让学生树立全心全意服务乘客的意识，增强他们服务社会的成就感。

【建议学时】

12 学时。

任务 4.1

自动售检票系统认知

乘客乘坐城市轨道交通出行的过程包括进站、购票、检票、乘车和出站几个阶段。为乘客提供售检票服务的设备及其背后支持它们运作的一整套庞大的系统，被称为自动售检票系统。随着城市轨道交通系统客流量的增长，高效可靠的收费系统在城市轨道交通系统中显得日益重要。能否实现合理、快速地收费影响到城市轨道交通系统的生存。自动售检票系统的发展既是城市轨道交通系统发展的一个趋势，也是城市信息化建设的一个重要体现。

一、自动售检票系统的定义

自动售检票系统（Automatic Fare Collection system，简称 AFC 系统），是基于计算机、通信网络、自动控制、自动识别、精密机械和传动等技术，实现地铁售票、检票、计费、收费、统计、清分、管理等全过程的机电一体化、自动化和信息化系统。

AFC 系统基本架构动画

二、自动售检票系统的架构

AFC 系统五层标准架构体系由清分结算管理中心（ACC）、线路中心（LC）、车站中心（SC）、AFC 终端设备和票卡组成，如图 4-1 所示。

（一）清分结算管理中心（ACC）

清分结算管理中心（ACC）是城市轨道交通线网 AFC 系统的最上层管理中心，承担着城市轨道交通票卡的发行，业务规范和票务规则的制定，票务收入的汇总、清分、结算及对线网 AFC 系统运行的监督，全面协调不同线路间的日常运营。同时还负责对城市轨道交通线路之间、城市轨道交通与城市一卡通系统之间的清分结算，同时，负责对整个线网客流信息的汇总、统计及分析。

ACC 的功能主要包括车票管理、日常运营管理、清分结算管理、数据管理、安全管理、系统管理等。

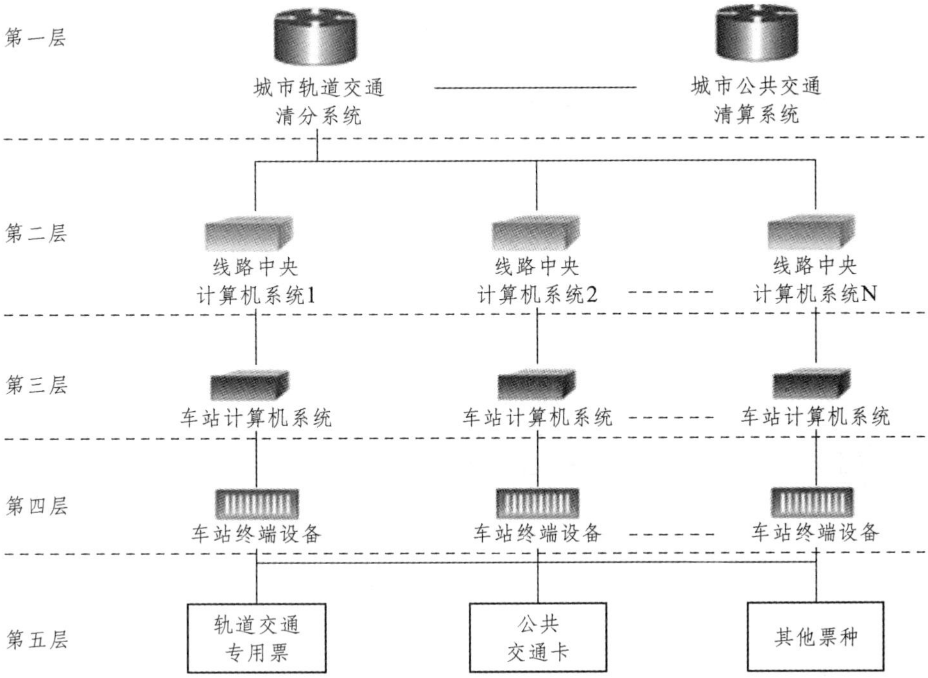

图 4-1　AFC 系统五层标准架构

1. 车票管理功能

（1）车票类型定义：制定整个城市轨道交通 AFC 系统内使用的票种种类及使用规则。

（2）车票初始化编码：初始化城市轨道交通专用车票。城市轨道交通专用车票在线网内投入使用前必须有车票编码/分拣机设备进行车票初始化。

（3）车票发行：根据运营需要，完成车票的发行。

（4）车票分拣：可根据车票类型、日期等多种设置方式进行分拣。

车票管理动画

（5）车票调配：管理车票库存，负责各线路车票的发放、回收和调拨。

2. 日常运营管理功能

（1）运行模式管理：定义各种运行模式（如正常运行模式、降级运行模式、紧急运行模式），并完成城市轨道交通线网运行模式的查询、控制和下发。

（2）运营注册：完成下级线路、车站及设备的注册和认证管理，以实现相关管理，注册内容包括编号、配置信息、起用日期等。

（3）客流监测与分析：集中监测和统计系统内客流情况，并生成客流统计报告，实现客流分析和预测。

（4）设备监控：集中监控设备各项参数信息，可实现对系统内任一组/类/台设备下达控制命令。

（5）运营参数管理：制定、修改、下发、维护由 ACC 控制的系统运营参数。

（6）时钟同步管理：与标准时钟源同步时钟，下发时钟信息，实现线网内所有设备的时钟同步。

（7）黑名单管理：收集并维护系统内黑名单，接收一卡通公司生成的黑名单。

3. 清分结算管理功能

（1）清分规则制定：制定清分规则、分账规则。

（2）清分结算：根据制定的清分规则对合法交易数据进行清分，并按规则进行分账。

（3）与城市一卡通系统对账结算：与城市一卡通公司就一卡通在 AFC 系统内的交易进行对账与结算。

4. 数据管理

（1）数据采集管理：采集各线路上传的所有交易数据。

（2）交易认证管理：对交易数据的合法性、正确性进行验证，包括验证交易的 TAC 码、交易时间、交易费率计算等。

（3）交易数据稽核：对城市轨道交通专用票交易序号连续性、卡余额连续性及卡余额合法性进行稽核。

5. 安全管理

（1）密钥生成：生成轨道交通专用票的密钥。

（2）密钥下载：将所生成的密钥下载到 SAM 卡，这种密钥是一种能够提供必要的安全机制，以防止外界对终端所储存或处理的安全数据进行非法攻击的硬件加密模块。

（3）SAM 卡分发管理：管理 SAM 卡的发放、回收和销毁。

（4）充值 SAM 卡激活认证：具有充值功能的 ISAM 卡在使用前需要通过在线认证的方式激活后方可使用。

6. 系统管理功能

（1）系统权限管理：根据不同的用户职权赋予不同级别的功能及权限。

（2）系统监察与维护管理：监察、核对、维护系统用户信息。

（3）数据备份与恢复管理：完成数据库的备份与恢复。

（4）系统日志管理：完成日志的收集、查询与分析。

（二）线路中心（LC）

线路中心（LC）是 AFC 系统承上启下的重要环节，负责采集本线路系统的 AFC 收费数据、设备状态数据、客流量数据等，将采集的本线路数据上传到 ACC，接收 ACC 下达的命令与参数，并将其下发至各车站系统。

LC 的功能主要包括日常运营管理、车票管理、收益管理、数据管理、系统管理等。

1. 车票管理功能

（1）车票库存管理：完成车票出入库、发售、回收等处理流程，实现对车票的动态库存管理。

（2）车票使用管理：完成对车票整个使用过程的跟踪和控制。

2. 日常运营管理功能

（1）运行模式管理：和 ACC 对接，执行 ACC 下发的运行模式，完成线路内模式的管理与下发以及模式履历的跟踪。

（2）运营注册：完成下级车站和设备的注册、参数设置以及用户权限的设置。

（3）监控管理：完成对下级系统和设备的监视与控制，包括设备运行状态监视、客流监视等。

（4）运营参数管理：完成线路内所有参数的维护、生成参数版本、下发参数、参数使用情况跟踪。

（5）时钟同步管理：和 ACC 时钟同步，下发 ACC 时钟信息到车站计算机系统。

（6）黑名单管理：接收 ACC 下发的黑名单，并管理本线路黑名单。

3. 收益管理

（1）收益统计：统计线路收益数据，如发售收益统计、运营收益统计、现金收益统计等。

（2）收益核算：核算系统产生的收益相关数据。

（3）清算对账：根据清算对账规则完成与 ACC、银行等外部系统的清算对账。

（4）报表管理：根据不同要求将收集的数据生成有关报表，提供决策支持。

4. 数据管理功能

（1）数据采集：采集本线路内设备上传的交易数据。

（2）数据处理：对数据的完整性、准确性、连续性等进行处理。

（3）数据安全：在传输数据过程中对数据进行加密和解密，采用先进算法和校验方法对数据进行稽核，确保数据传送的安全性和完整性。

5. 系统管理

（1）用户管理：设置系统用户信息。

（2）权限管理：完成对系统用户的权限分配。

（3）日志管理：完成日志的收集、查询和分析。

（4）软件管理：完成系统内各设备和各系统软件版本的统一管理与控制，并完成软件版本查询与跟踪。

（5）数据备份与恢复：完成数据库的备份与恢复。

（三）车站中心计算机系统（SC）

车站中心计算机系统（Station Computer，SC）由车站主机服务器、管理或监控工作站、票务工作站、打印机、各种车站终端设备、紧急按钮、UPS 等构成，如图 4-2 所示。

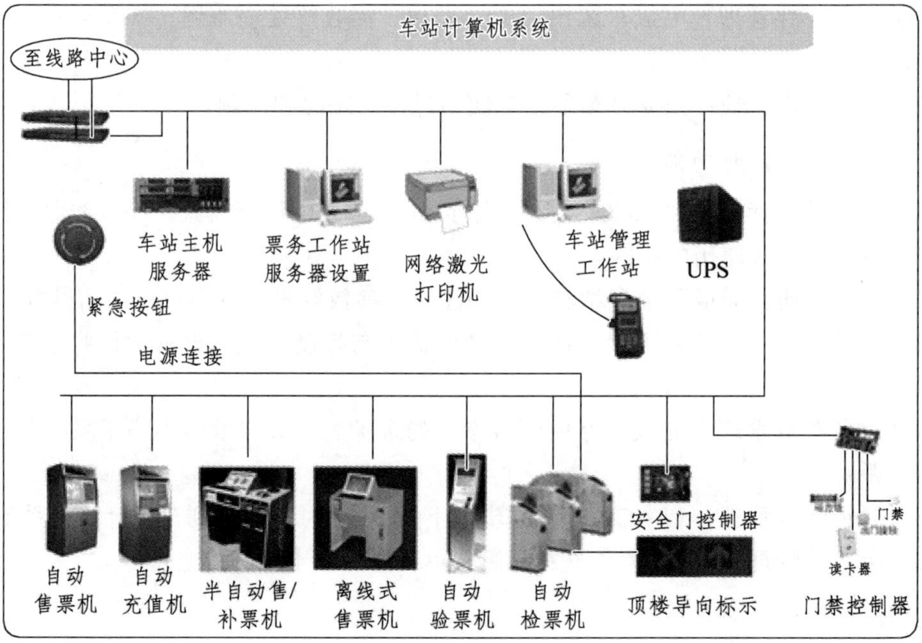

图 4-2　车站 SC 系统构成

车站中心（SC）的作用：

（1）接收线路中央计算机系统下发的运行参数、运营模式及黑名单等，并下传给车站终端设备。

（2）自动完成与中央计算机及各终端设备的时钟同步。

采集车站终端设备的原始交易数据和状态数据，并上传给线路中央计算机系统。

（3）对车站 AFC 终端设备进行实时监控。

（4）对车站 AFC 终端设备的操作控制，包括设备的关闭、开启及设置工作模式等。

（5）完成车站各种票务管理、业务统计，能进行车站报表打印。

（四）车站终端设备（SLE）

AFC 系统的服务功能主要是通过设置在车站的自动售检票设备来实现的，车站终端设备安装在各车站的站厅，是直接为乘客提供售检票的设备。按应用分类，车站终端设备主要包括自动售票机、半自动售票机、自动检票机、自动查询机等。

1. 自动售票机

自动售票机（Ticket Vending Machine，TVM）一般安装在非付费区内，主要用于乘客自助式购买地铁单程票及对储值票进行充值操作，同时自动售票机通过车站局域网与车站计算机连接，接收有关参数及控制命令，同时上传有关的交易、现金、钱箱更换、票箱更换及设备状态等数据，如图 4-3 所示。

图 4-3　自动售票机

2. 半自动售票机

半自动售票机（Booking Office Machine，BOM）为功能较全面的终端设备，设于车站售票亭和补票亭。半自动售票机可以同时向付费区乘客提供售票服务和向非付费区的乘客提供补票服务，也可以只向付费区或非付费区乘客服务，具体要根据其所在票亭位置的不同，通过设置来实现其向乘客提供不同的服务，如图 4-4 所示。

图 4-4　半自动售票机

半自动售票机
外观动画

3. 自动检票机

自动检票机（Automatic Galte Machine，AGM）包括进站闸机、出站闸机、双向闸机，自动检票机设在付费区和非付费区的分隔带上。自动检票机满足乘客右手持票快速通过闸机，同时通过车站局域网与车站计算机连接，接收有关参数及控制命令，并上传有关的交易、班次及设备状态等数据，如图 4-5 所示。

自动检票机
总体布局

图 4-5　自动检票机

4. 自动查询机

自动查询机（Ticket Cheek Machine，TCM）一般安装在非付费区，主要是供乘客自助查看车票的信息及有效性，显示车票基本信息（票种、车票有效期等）及车票内记录的使用历史（交易类型、交易时间、交易地点、交易金额等），同时在读取过程中不修改车票上的任何数据，如图 4-6 所示。

5. 便携式验票机

便携式验票机（Porable Ticker Check Machine，PTCM）供票务及稽查人员使用，以方便其随时随地检查乘客车票及进行车票的交接。便携式验票机的主功能包括：对各种车票进行限时、限程的有效性核查；对越站、超时及无效票除有显示外，还具有声音提示；可检验轨道交通及公交“一卡通”系统发行的车票；具备乘客显示屏显示车票的有效期、余值、历史交易等信息；可与车站计算机或工作站连接，接收有关参数等，其外形如图 4-7 所示。

图 4-6　自动查询机

图 4-7　便携式验票机

自动查询机
界面介绍

（三）车票

车票是记录乘客乘车信息的媒介和载体，能记录车票的系统编号、安全信息、车票种类、个人信息、进出站信息、金额、有效期、历史交易记录等信息，与车站售检票终端设备共同完成系统自动售检票功能。城市轨道交通常用的车票种类有：单程票（见图 4-8）、储值票（见图 4-9）、乘次票、出站票、纪念票、赠卡、员工票、测试票等。电子乘车码如图 4-10 所示。

图 4-8　筹码型单程票

车票使用流程动画

图 4-9　储值票

图 4-10　电子乘车码

三、自动售检票系统的现状及发展趋势

（一）我国自动售检票系统的发展历程

中国第一条地铁于 1969 年在北京投入运营，在长达 20 多年的时间内，地铁售票检票都依赖人工的方式，车票则一直以纸质车票为主。1999 年，上海地铁 1 号线和广州地铁 1 号线引入美国 CUBIC 的自动售检票系统，通用的车票介质为磁卡。直到 2008 年 6 月，北京城市轨道交通路网 AFC 系统才投入使用，真正意义上实现了“一票通行”和无障碍换乘。2000 年后，我国自动售检票系统的发展有了新的转变，一方面改变了车票的介质，由磁卡逐步转变为 IC 卡，同时更新改造自动售检票配套硬件设备；另一方面将 IC 卡与公交一卡通结合。近 10 年来，国内城市轨道交通 AFC 系统在高新技术上不断突破与创新，从拥有 NFC 功能的手机端到银联卡闪付乃至 App 软件城市智汇一卡通功能的实现，实现了质的进步。

（二）自动售检票系统的发展趋势

随着移动互联网、信息化技术的快速发展以及城市轨道交通线网规模的不断扩大，“智慧化”已成为轨道交通技术发展的新趋势。2020 年 3 月，中国城市轨道交通协会发布了《中国城市轨道交通智慧城轨发展纲要》(以下简称《纲要》)，开启了智慧城轨建设的序幕。其中，通过提升票务服务的智能化水平从而创建智慧乘客服务体系是《纲要》的重点内容之一。

在智慧城市轨道交通发展的新形势下，AFC 系统智能化发展已成为必然趋势，主要体现在以下几个方面。

1. 票卡虚拟化及支付多元化

随着智能手机的普及以及生物识别技术的发展，车票不再是传统意义上的实体卡片，它演变为乘客乘坐轨道交通的实体或虚拟凭证，如手机二维码、手机蓝牙、人体生物特征等。目前，轨道交通采用互联网支付方式过闸的乘客比例正逐步提高，据不完全统计，已有 17 座城市的地铁互联网过闸客运量占比达到 30%以上。同时，各大城市正对生物识别过闸进一步深入挖掘，人脸识别技术已在北京、济南、深圳、郑州、天津、贵阳等城市的地铁 AFC 系统中应用，全态识别技术在南宁地铁开展试点研究，虹膜识别技术已在福州地铁中应用。

随着电子支付在轨道交通中的推广应用，AFC 系统支付方式已由单一的刷卡支付逐步发展为多元化支付，乘客可以任意选择使用支付宝、微信、银联云闪付等方式实现过闸与扣费。此外，随着央行正式发行法定数字货币并开展相应的应用试点，轨道交通将成为使用频率较高的场所之一。法定数字货币不仅能够获得与支付宝、微信等第三方支付平台同样的支付体验，无需与商业银行接口，而且还能实现“双离线”交易，为 AFC 系统实现去现金化、支付体验便捷化、收益审核精准化提供了重要的技术支撑。

2. 安检票检一体化及乘车实名制

在传统的建设模式下，票检与安检是独立运营的两个系统，通常采用先安检后票检的通行方式。由于数据信息不互通，安检与票检工作相对独立，容易引发进站客流的拥堵。为加强安检、票检的信息互通和提高安检、票检的效率和服务品质，应探索票检、安检合一的新模式。目前，国内一线城市已逐步开展票检安检一体化方案的应用研究。如上海地铁在部分站点试点“安检、票检快捷通道”进站措施，乘客可持 METRO 大都会 App 通过“安检、票检快捷通道”刷码进站乘车。

安检票检一体化模式通过乘客身份辨识进行分流，为部分乘客提供快捷通道，能够实现精准防控、安全高效兼顾的目标，是解决客流通行和安检中突出矛盾的重要手段，也是未来安检、票检新模式的发展趋势。然而，安检票检一体化模式需要对乘客进行精准、有效的信息采集，因此离不开乘车实名制。同时，随着生物识别技术在轨道交通 AFC 系统的逐步应用，推行地铁乘车实名制，从而帮助构建地铁乘客信用体系，也是未来 AFC 系统的研究重点。

3. 实现城市间的互联互通

互联互通解决的是乘客在轨道交通中实现“一票出行”的问题。随着城市群的规划政策逐渐明确，实现城市群之间的互联互通工作已经刻不容缓。在“‘互联网+’AFC 系统”建设进程的不断推进下，以二维码为代表的移动支付技术在轨道交通行业内发展迅速，然而二维码技术在应用时缺乏统一标准，难以直接的互联互通。与此同时，随着生物识别技术的快速发展，人脸、虹膜、掌静脉、指静脉等识别技术已逐步试点和应用于 AFC 系统，互联互通问题也有待解决。

实名制信用消费将是未来乘车凭证互联互通的发展趋势。随着智慧地铁的建设，乘客实时信息是智慧城轨大数据应用的主要源数据之一，各个城市的地铁官方 App 是为乘客提供精准服务的重要窗口，智能票务业务是地铁官方 App 的主要功能，连接各个城市地铁的官方 App 成为了互联互通的刚需。

任务 4.2

自动售检票系统传统终端设备

自动售检票系统终端设备是城市轨道交通系统的重要组成部分，是直接面向乘客服务、提升乘客出行体验感的设备。传统自动售检票系统终端设备主要有自动检票机、自动售票机、半自动售票机、自动查询机、手持验票机等，满足乘客使用现金购买单程票和使用储值票（如“一卡通”等）购票、乘车的需求。

一、自动售票机

自动售票机（Ticket Vending Machine，TVM）安装在车站非付费区，用于乘客选择用纸币、硬币、移动支付工具，通过人机交互操作界面自助完成地铁单程票购买和储值票充值的操作，自动售票机如图 4-11 所示。

图 4-11　自动售票机

（一）自动售票机的结构组成

自动售票机主要由主控单元（ECU）、单程票发售模块、储值票处理模块、硬币处理模块、纸币处理模块、纸币（或硬币）找零模块、乘客显示器、运行状态显示器、维护面板、票据打印机、电源模块、不间断电源（UPS）及机壳等部件组成。

自动售票机设备整体外形、乘客操作面板、乘客显示器、运营状态显示器、投币口、出票/找零口布置须满足人体工程学的要求。自动售票机的外观结构如图 4-12 所示。

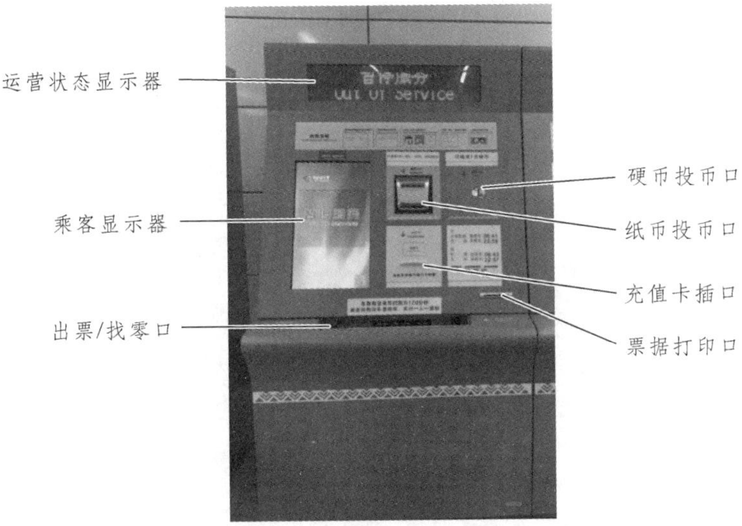

图 4-12　自动售票机的外观结构

自动售票机设备内部既要求各硬件模块在设计上相互独立，又要求各模块都与主控单元的工控机关联，能通过主控单元的调度完成各项系统功能。自动售票机的内部结构如图 4-13 所示。

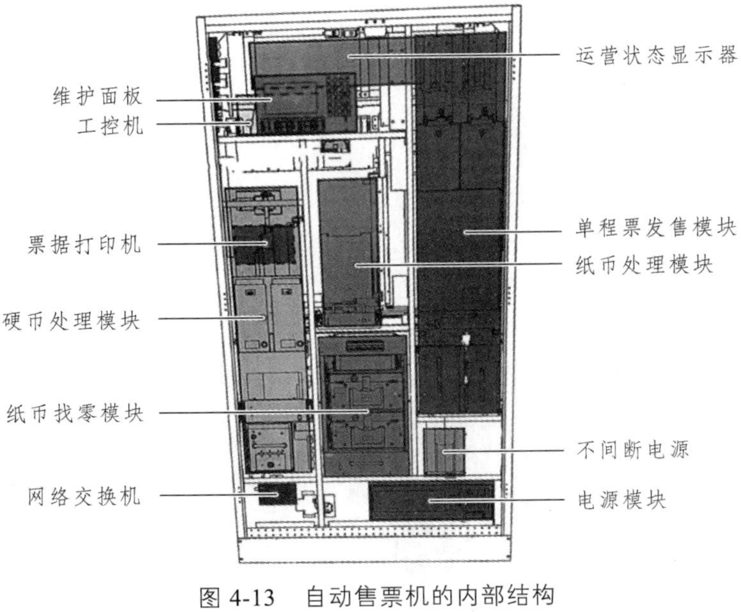

图 4-13　自动售票机的内部结构

自动售票机
内部结构

1. 主控单元（ECU）

自动售票机主控单元（也称为工控机）采用 32 位工业级微处理器，有良好的抗电磁干扰性能，保证整机 24 h 间断稳定运行，外观如图 4-14 所示。主控单元是自动售票机的核心模块，负责运行控制软件，实现车票处理、现金处理显示、数据通信和状态监控等功能。

图 4-14　工控机外观

2. 单程票发售模块

单程票发售模块（见图 4-15）主要用于实现单程车票的读写和发售功能，包括票箱、供票机构、车票传输机构、车票读写器与天线、电器控制单元等部件，根据单程票选型不同，可分为卡式车票发售单元和 TOKEN 车票发售单元。

图 4-15　单程票发售模块

车票在票箱中由刮票机构供给车票传输机构，通过车票读写器、电线读取车票信息，并进行编码和校核。自动售票机只发售单程票，若读取票卡信息为其他类型车票，则被投入废票箱。若读取票卡信息为单程票，则对车票写入相关信息（包括发售日期、发售时间、发售设备、发售站点、车票余值），校验“写入信息”，若车票校验正确则发售，否则重新发行、编码、校验，校验到不正确的车票后将其送入废票箱。

车票在编码过程中，由传感器监控，如果检测到车票阻塞，则自动售票机退出服务，乘客投入的硬币或纸币将退还给乘客，显示器显示“故障信息”（车票在传输机阻塞），并在车站计算机系统上产生相应报警。

3. 储值票处理模块

储值票处理模块用于实现储值票的查询、充值功能，是进行传送的机构，具有锁卡装置，在进行充值、验票时锁卡，充值、验票完成后开锁。

4. 硬币处理模块

硬币处理模块（见图 4-16）具备硬币识别、识别币种增加、非标准币退出、硬币暂存、原币奉还、硬币找零、后备找零、硬币补充加币、硬币回收、清点清空硬币等功能。主要由硬币接收器、硬币暂存器、循环找零箱、补充找零箱和硬币钱箱及硬币传送装置等部件组成。

图 4-16　硬币处理模块

（1）硬币接收器：用来接收来自乘客购买车票时投入的硬币，由硬币投币口和硬币识别器组成，其中要求硬币识别器具有较高的鉴别能力，对无法识别的硬币能原币退还。

（2）硬币暂存器：暂存器位于硬币识别器下方，负责暂存通过识别的硬币。若乘客取消操作，则将投入的硬币返还给乘客；若乘客交易成功，则将硬币从暂存器倒入循环找零箱，以实现循环找零功能，若循环找零箱满或将满时，会倒入硬币钱箱储存。

（3）循环找零箱：用于实现硬币循环找零功能。将乘客购票投入的硬币存在循环找零箱中，以减少补充找零箱补充硬币的次数。

（4）补充找零箱：在循环找零箱中的硬币已用完的情况下，用补充找零箱中的硬币进行找零。

（5）硬币钱箱：硬币钱箱用于运营结束后回收设备内的硬币。每个硬币钱箱有独立的电子 ID，硬币处理模块能自动识别所放入的钱箱编号。

（6）硬币传送装置：用于根据不同需求将硬币传送至不同地方，完成硬币的找零和回收。

5. 纸币处理模块

纸币处理模块（见图 4-17）实现纸币接收、识别、原币返还等功能。主要由投币口、传输装置、识别模块、暂存器和钱箱等部件组成。纸币处理模块可接受纸币的种类可以通过参数设置，也可以通过清分中心下发的文件进行设置。

乘客通过投币口投入纸币时，纸币会被送入识别器内，由纸币传输装置将纸币输送到纸币识别模块，识别模块会对纸币的真假进行判断，若判定纸币为真币且符合接收要求，则会被存放在纸币暂存器；若判定纸币为假币或非法纸币，则直接退还给乘客。此外，在购票过程中，若交易失败或乘客取消交易，则将暂存器内的纸币从退币口或投币口返还给乘客；若交易成功，则将暂存器内的纸币传送到缓冲区，压入纸币钱箱存储。

图 4-17　纸币处理模块

6. 纸币找零模块

纸币找零模块（见图 4-18）设置固定面额的纸币用于找零，用于找零的纸币一般需要在运营开始前以人工的方式放入纸币找零箱内。当纸币找零、硬币找零设备同时存在时，一般采用先用纸币、后用硬币的找零原则，即需要找零的金额小于找零用纸币的面额时，才会使用硬币找零。

一般纸币找零模块会配有两个纸币钱箱，箱内设有传感器，通过软件可实现对“将空”以及“空”状态检测，并上报主控单元。

图 4-18　纸币找零模块

7. 乘客显示器

乘客显示器是自动售票机人机界面操作的主要部件，乘客根据显示器提示界面，通过加装在乘客显示器上的触摸屏进行购票操作，如图 4-19 所示。

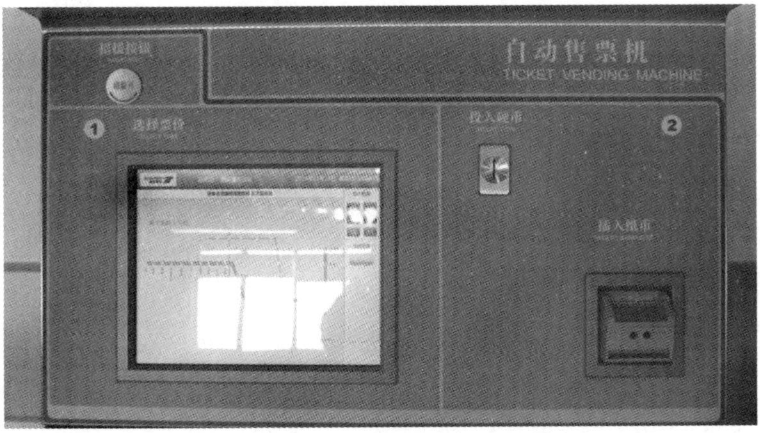

图 4-19　乘客显示器

乘客显示器安装在自动售票机前面板的乘客操作范围内，用于显示有关购票操作信息。在乘客购票过程中，乘客显示器能显示乘客所选择的目的地车站、票种、单价、张数、付费总金额、已投币金额等信息。

乘客显示器能显示所有可发售的票种、张数、各种付费方式、交易取消、交易确认等选择按钮供乘客选择。

在交易过程中，乘客显示器能指示乘客下一步的操作，并能提示无效操作。

在设备故障或暂停服务中，乘客显示器能显示相关的信息。

乘客显示器还可以代替运营状态显示器，用于显示设备当前的运行模式和操作模式，包括暂停服务、暂无找零、关闭、只收硬币、只收纸币、只找硬币及只找纸币等信息。

8. 运营状态显示器

运营状态显示器（见图 4-20）用于显示设备当前的运行模式和操作模式，包括正常服务、暂停服务、暂无找零、关闭、只收硬币、只收纸币、只找硬币及只找纸币等信息。

图 4-20　运营状态显示器

9. 维护面板

维护面板（见图 4-21）主要用于车站工作人员对设备进行操作、故障诊断和维护等工作，由维护面板显示器和维护小键盘组成。工作人员根据需要，通过输入工号和密码，进入维护面板操作系统，进行维护工作。维护面板操作界面涉及采用菜单式还是采用指令式，操作难度较低。维护面板一般包含以下内容：

① 设备运营状态信息。

② 设备时钟显示和设置。

③ 设备运行版本信息。

④ 部件运行版本信息。

⑤ 硬币清零菜单或指令。

⑥ 更换钱箱菜单或指令。

⑦ 打印账单菜单或指令。

⑧ 设备不见测试菜单或指令。

⑨ 设备关机、复位菜单或指令。

图 4-21　维护面板

10. 凭条打印机

凭条打印机用于为乘客和操作员打印凭条。当乘客进行储值卡充值时，可打印充值信息；当乘客在购买单程票过程中发生“卡币、卡票、找零不足”等异常情况时，可打印相应故障信息；当车站一天的运营结束时，操作人员可打印 TVM 结账信息等。

11. 电源模块

电源模块接收外部输入的交流电源，并进行转换处理，为自动售票机中所有电子和电气部件提供稳定可靠的电源，如图 4-22 所示。

图 4-22　电源模块

12. 不间断电源（UPS）

UPS 即不间断电源，为设备提供后备电源，能确保设备断电后能继续为设备供电，保持一段时间的正常工作。

（二）自动售票机的功能

自动售票机的基本功能是通过乘客的自助式操作完成自动售票。自助购票的基本过程包括购票选择、接收购票资金、自动出票及找零等，在必要时还可以打印充值凭证等。自动售票机可接收硬币和用纸币购买单程票，有些地铁的自动售票机还可通过手机扫码支付完成购票付款，银行卡和互联网支付也具有对“一卡通”和地铁专用储值票进行充值的功能。

自动售票机可实现以下几个方面的应用功能。

（1）接受乘客的购票选择，并在购票过程中给出提示信息及操作指导。

（2）可以接受乘客投入的现金（或储值票、信用卡等其他付费媒介）并自动完成识别，对无法识别的现金（或储值票、信用卡）予以退还。

（3）自动计算乘客投入的现金数量及购票金额，自动找零。

（4）自动完成车票校验、车票发售及出票。

（5）对各部件的工作状态进行自动监测，并向车站计算机系统上报工作状态。

（6）接受车站计算机系统下发的参数和控制命令，并执行相应的操作。

（7）存储并上传交易信息。

（8）对本机接受的现金及维护操作进行管理。

（三）自动售票机的操作

1. 乘客对自动售票机的操作

自动售票机现金购票流程动画

乘客通常使用自动售票机自助完成购买单程票和储值票充值的操作。

（1）购买单程票操作。

乘客可以通过自动售票机购买单程票。下面以上海地铁自动售票机为例，说明自动售票机购票操作流程（见图 4-23）。

① 选择目的线路和车站。

通过乘客显示器，在运营线路上点击所需乘坐的线路，然后选择所要达到的目的地车站。

② 确认购买张数。

在乘客显示器上点击选择所需购买的单程票张数。

③ 投入硬币或纸币。

根据所需支付金额，从硬币投币口逐枚投入 1 元硬币，或从纸币投币口逐张插入自动售票机可接受面额的纸币。

④ 取票和找零。

付款金额足够后，自动售票机自动发售车票和找零，可从车票和找零口取好所购车票和找零钱。若未投足票款时，可按取消键取消交易，自动售票机会返还投入的所有购票款。

自动售票机是自助型系统设备，城市轨道交通车站内会有部分乘客对该系统的操作不熟练，站务员应主动、热情地提供操作指引服务。因此，站务员应熟练掌握自动售票机的购票操作。

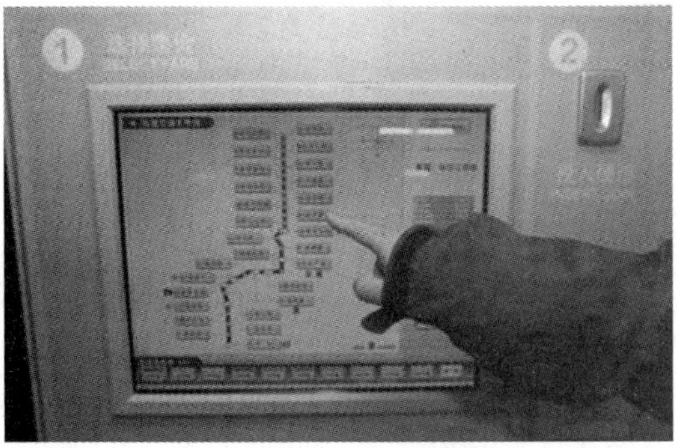

（a）选择目的线路和车站

（b）确认购买张数

（c）投入硬币或纸币

（d）取票和找零

图 4-23　上海地铁自动售票机购票操作流程

（2）储值票充值操作。

乘客使用现金在自动售票机上进行储值票充值时，自动售票机通常可接收 50 元和 100 元两种面额的纸币充值，如福州地铁，福州地铁的自动售票机充值界面如图 4-24 所示。部分地铁自动售票机还可接收 10 元、20 元面额的纸币，如北京地铁，下文就以北京地铁自动售票机充值一卡通为例，说明储值票充值操作流程（见图 4-25）。

① 选择充值服务。

点击乘客显示器屏幕上的“充值”按钮，选择充值服务。

② 插入一卡通。

将一卡通储值卡插入储值卡插槽，并将卡片推到底。

③ 插入纸币。

将纸币逐张、平整地插入纸币口，并确认本次充值金额。

④ 对一卡通进行充值。

在确认本次充值金额后，请点击“充值”按钮，对一卡通储值卡进行充值。若放弃充值，则点击“取消”按钮，已投入的金额将全部退回。

⑤ 取回一卡通。

在充值后，选择是否留取凭条。完成充值后，取回一卡通储值卡。

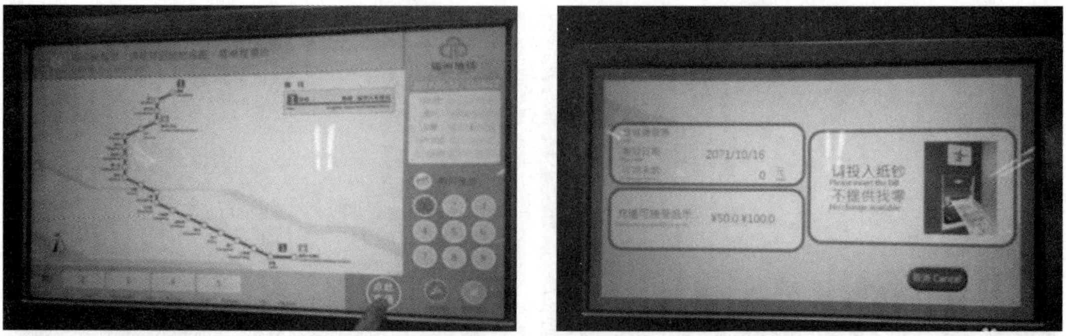

图 4-24　福州地铁自动售票机充值界面

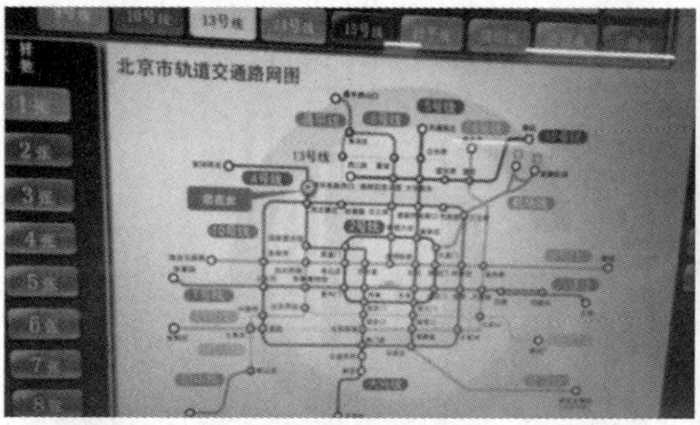

（a）选择充值服务

（b）插入一卡通提示

（c）插入一卡通

（d）插入纸币

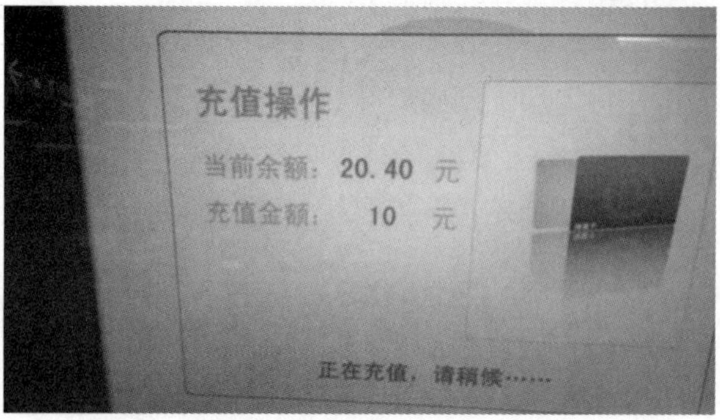

（e）对一卡通进行充值

（f）取回一卡通

图 4-25　北京地铁自动售票机充值操作流程

2. 工作人员对自动售票机的操作

在运营过程中需要工作人员在自动售票机上进行必要的维护操作，如 TVM 开关机操作、系统启动与退出操作、补币操作、更换票箱、更换纸币钱箱、更换硬币钱箱等。不同地铁公司使用的设备及 AFC 系统软件不同，其操作方法和界面表现形式也有所区别，但是操作项目和内容却是大致相似的。下面以某地铁公司为例介绍工作人员对自动售票机进行的维护操作内容。

（1）开关机操作。

① 开机操作。

城市轨道交通车站工作人员在开站前对自动售票机进行开机操作，操作流程如图 4-26 所示。

a. 用钥匙打开 TVM 维护门，检查各设备（包括硬币模块、纸币模块、单程票发售模块、硬币回收箱、票据打印机、工控机各串口等）是否安装到位、连接是否正常。

b. 将 TVM 总控制模块开关（即空气开关）拨到“ON”位置。

c. 按下工控机的电源开关。

（a）打开维护门

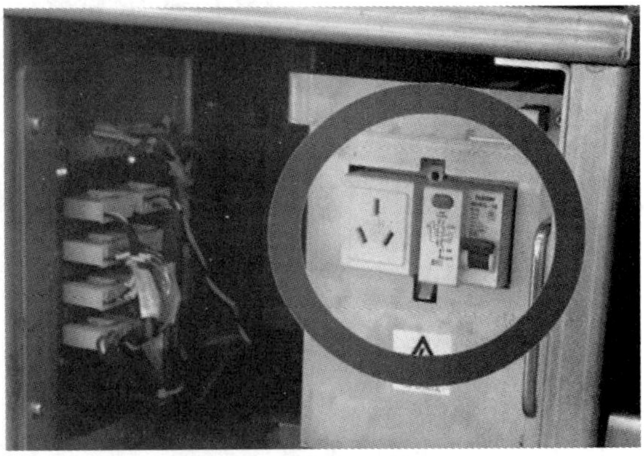

（b）打开空气开关

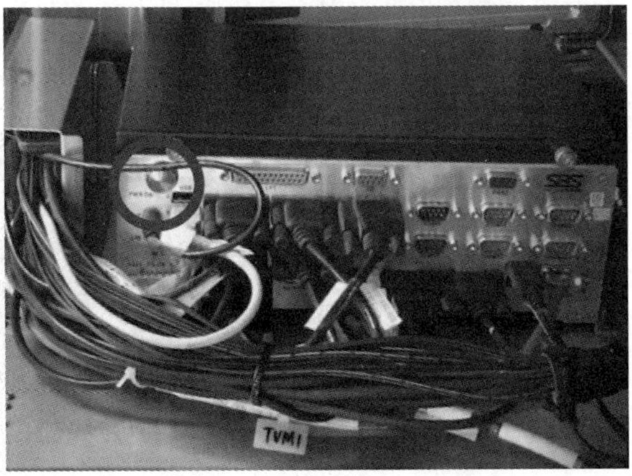

（c）按下工控机的电源开关

图 4-26　自动售票机开机操作流程

② 关机操作。

城市轨道交通自动售票机的关机操作流程大致为：

a. 打开维护门，进入维护界面。

b. 在维护面板输入用户名、密码后登录。

c. 在维护菜单中找到“关机”命令并确定（见图 4-27），即可执行关机操作。

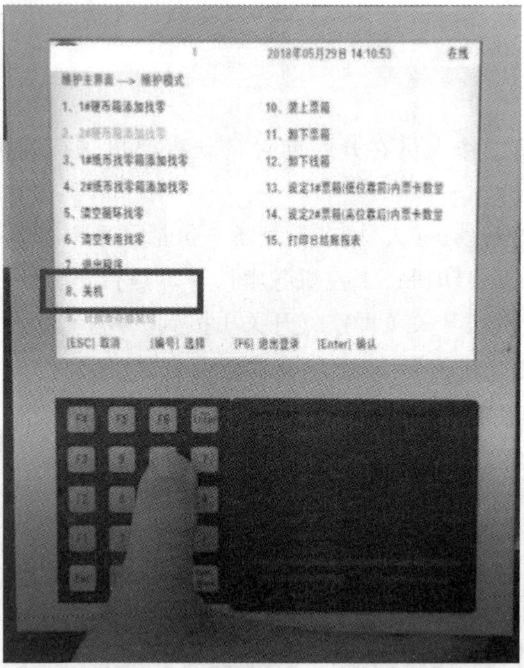

图 4-27　自动售票机维护菜单中“关机”命令

（2）系统启动与退出操作。

① 系统启动操作。

开启电源后，TVM 通常会自动启动操作系统，运行应用软件。若设备在电源开启的状态下未自动启动，可按下工控机前面板上的按钮，手动启动操作系统及 TVM 应用软件。在系统自动启动的过程中，主要自动执行以下操作：

a. TVM 应用软件的启动过程包括硬件初始化、与 SC 通信、检查程序版本、检测参数读写器授权等步骤。

b. 若检测到有新的软件版本，将重新启动并执行软件升级。

c. 若在 TVM 应用软件启动的过程中，与 SC 的通信处于终端状态，则设备会尝试有限次数的重复连接，可能会造成在与 SC 通信步骤上停留时间过长。

② 系统退出操作。

系统退出操作一般有两种方式，一种是直接按下相应的快捷键，另一种是选择“系统退出”，如图 4-28 所示。

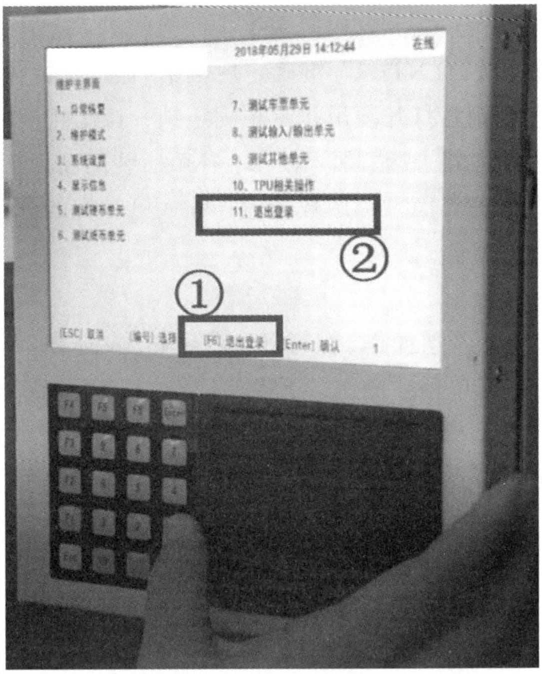

图 4-28　系统退出操作界面

（3）补币操作。

城市轨道交通车站在开站运营前（且设备状态正常时）或在运营过程中，根据实际情况制定的加补时间或 TVM 设备发出找零箱将空信息时方可对自动售票机进行补币操作。

纸币找零箱与硬币找零箱的补币操作流程基本相同，这里以硬币找零箱补币操作为例，说明补币操作流程，如图 4-29 所示。补币操作流程：

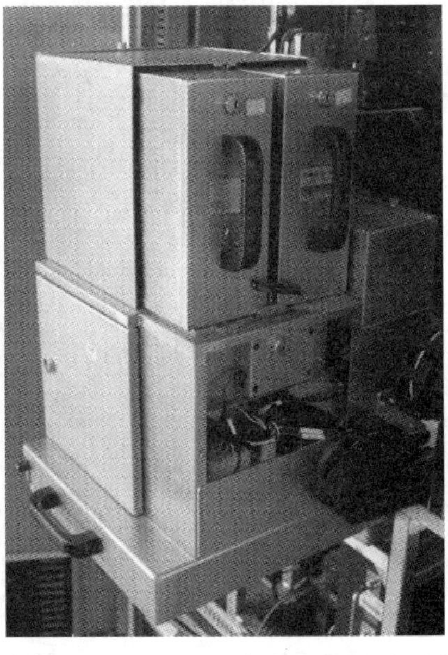

图 4-29　自动售票机补币操作流程

① 打开维护门，输入用户名和密码登录维护面板，进入“补充硬币”菜单项，选择需要补币的硬币找零箱，按“ENTER”键确定后显示当前该钱箱的硬币数量。

② 拉出硬币模块，用钥匙打开硬币找零箱固定锁，拉出相应的硬币找零箱。

③ 用钥匙打开硬币找零箱上盖，加入硬币，补币后装回硬币模块并用钥匙锁好固定。

④ 装入钱箱后，在维护界面“补币数量栏”输入已补充的硬币数量，点击“确定”完成补币操作。

（4）更换票箱。

更换票箱操作也被称为补票操作，在每日运营后和 TVM 设备状态显示票箱将空信息时可对自动售票机进行补充单程票操作，更换票箱操作流程大致为：

① 打开维护门，登录维护面板，进入维护菜单主界面，选择“卸下票箱”，选择需要更换的票箱编号（1 或 2），点击“ENTER”确认，自动售票机更换票箱操作流程界面如图 4-30 所示。

② 拨动单程票发售模块锁定机构，并将单程票发售模块拉出机箱。

③ 拨开票箱固定扣（见图 4-31），将票箱顶盖推到位合锁，用票箱钥匙将票箱从单程票发售模块解开，然后取下票箱。

④ 将已加票的票箱平推进票箱设备安装位置点后顺时针旋转钥匙，拉开票箱顶盖固定锁扣。

⑤ 维护面板进入“维护模式”选择“装上票箱”，选择对应的票箱 1 和票箱 2，选择“设定 1#、2#票箱票卡数量”命令，添加相应票卡数量输入成功后将票卡发售模块推回机箱内直至锁定机构自动锁定票卡发售模块。

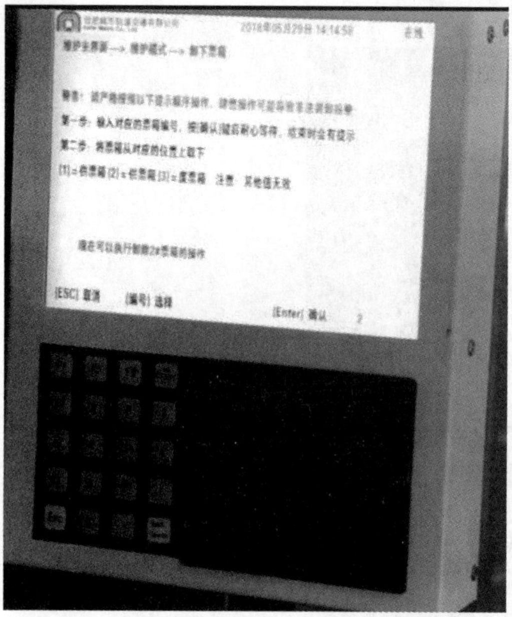

图 4-30　自动售票机更换票箱操作流程界面

图 4-31　票箱固定扣

（5）更换纸币钱箱。

更换纸币钱箱操作主要分为更换纸币回收钱箱和纸币找零钱箱两部分内容，当每日运营后和 TVM 设备状态显示纸币回收钱箱将满信息或纸币找零钱箱将空信息时可对自动售票机进行纸币回收钱箱或纸币找零钱箱更换操作，具体操作流程如下：

① 更换纸币回收钱箱。

a. 打开维修门，登录维护面板，见输入用户名及密码进入维护模式选择卸下钱箱，选择卸下纸币回收箱。

b. 按下模块到位锁扣按钮（见图 4-32），将纸币处理单元拉出机箱，提起固定扣件（见图 4-33）。

c. 使用纸币回收箱解锁钥匙顺时针旋转，并将黄色锁扣提起，取出纸币回收箱后，在维护面板选择打印日结账报表。

图 4-32　模块到位锁扣按钮

图 4-33　纸币回收钱箱固定扣件

② 更换纸币找零钱箱。

a. 打开维修门，登录维护面板，输入用户名及密码，进入维护模式选择卸下钱箱，选择卸下纸币找零箱。

b. 使用纸币找零箱解锁钥匙顺时针旋转 90°打开纸币找零箱外门

c. 按下绿色锁扣取下废币箱、5 元找零箱、10 元找零箱。

（6）更换硬币钱箱。

更换硬币钱箱即更换硬币回收钱箱，如图 4-34 所示。当每日运营结束后和 TVM 设备状态显示硬币回收钱箱将满信息时可对自动售票机进行更换硬币回收钱箱的操作，具体操作流程与更换纸币钱箱的操作类同，这里不再赘述。

图 4-34　硬币回收钱箱

二、半自动售票机

半自动售票机（Booking Office Maxhine，BOM），简称 BOM 机，通常安装在售/补票房或车站服务中心内，采用人工的方式进行票务处理，车票发售、加值、车票分析、退票及其他票务服务，因此 BOM 又被称为人工售补/票机或票房售/补票机，如图 4-35 所示。

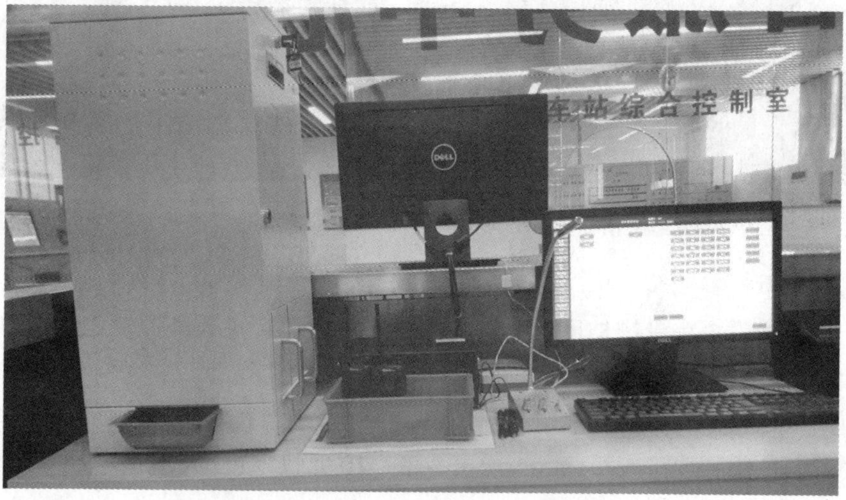

图 4-35　半自动售票机

（一）半自动售票机的结构组成

1. 主控单元

主控单元 MCU（见图 4-36）负责人工售/补票机的控制软件，完成车票处理、数据通信、状态监控及故障检测等功能。主控单元 MCU 采用模块化设计，以满足物理上和功能上的互换性要求，便于维护。

图 4-36　半自动售票机主控单元

2. IC 票卡发售模块

IC 票卡发售模块由对车票进行读写的票卡读写器和用于发售 IC 车票的车票处理模块组成，如图 4-37 所示。

车票发售模块可用来完成单程车票的自动发售工作，以提高人工发售车票的速度和效率。在以自动售票机自助式售票为主的车站，车票处理机构可以用来作为应急发售车票装置。车票处理机构内的主要部件有：车票发卡装置、读写器、出票控制板等，这与自动售票机中的模块基本类似。处理机构与主控单元通过串口连接，接受主控单元发出的指令，对单程票进行各种处理，如读取车票内存信息，判断车票的有效性，对车票内储值清零、赋值、校验、出票和废票回收等。车票处理机构能一次发售多张同一票值的车票。

（a）外观

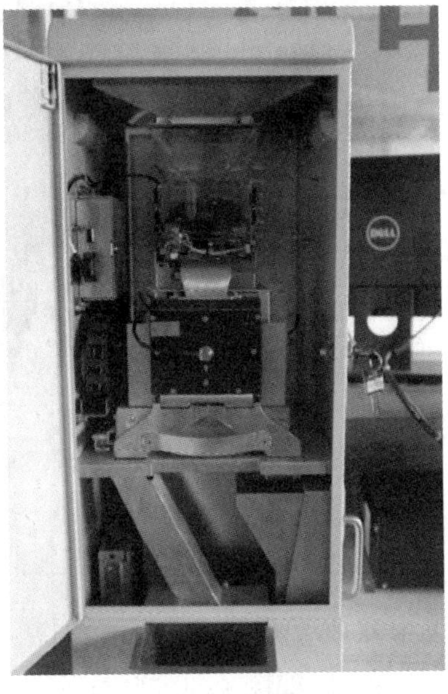

（b）内部

图 4-37　IC 票卡发售模块

3. 操作员触摸屏显示器

操作员触摸屏显示器为操作员提供人机对话的界面显示，带有红外触摸屏，如图 4-38 所示。

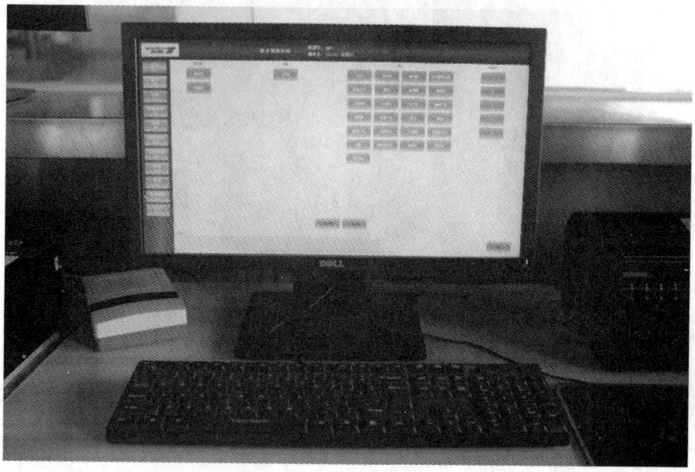

图 4-38　操作员触摸屏显示器

4. 乘客显示器

每套半自动售票机 BOM 配置 1 ~ 2 个乘客显示器，分别安放在付费区、非付费区靠近窗口、方便乘客阅读的地方；为乘客提供相关信息的显示（是显示中文信息还是英文信息，由操作员来进行选择），并且带有一定的语言提示，如图 4-39 所示。

图 4-39　乘客显示器

5. IC 卡读卡器

IC 卡读卡器放置在桌面上，提供高级应用程序编程接口，支持对 ISO 14443 A/B 标准卡片的读写操作，如图 4-40 所示。针对不同的设备应用，相应的 IC 卡读写器可执行充值和消费操作。读写器有效读写距离 10 cm，交易速度为 200 ~ 1 000 ms。

图 4-40　IC 卡读卡器

6. 票据打印机

半自动售票机一般采用小型针式打印机，也可采用小型热敏打印机，热敏打印机如图 4-41 所示。热敏打印机具有使用寿命长、故障率低的优点，但打印后的单据不能长期保留。目前，半自动售票机还是以使用针式打印机为主。打印机有自检功能，操作人员或技术人员使用前，必须启动自检。自检提供有关固件及其他参数的信息，如果自检失败，打印机将不会工作，也不会有任何打印输出。

图 4-41　热敏票据打印机

（二）半自动售票机的功能

BOM 是在车站中以人工方式为乘客提供服务的售/补票设备，放置于车站售票和补票室内。

BOM 的主要功能包括：售票、补票、充值、更新、替换、退票、车票挂失、车票分析、车票处理、车票查询、收益管理、设备操作等。

BOM 与车站自动售检票机 AFC 控制系统相连，可以接受车站自动售检票机 AFC 控制系统下达命令的各种参数及指令，同时向车站自动售检票 AFC 控制系统以及线路自动售检票 AFC 控制系统传送各类数据。

BOM 的运行模式由车站自动售检票 AFC 控制系统进行设定和更改，并通过系统将参数数据下载到 BOM 上实现工作模式的自动切换。

同时，BOM 还具备离线/在线状态自动检测切换的能力。根据当前的线路状态，动态提供能够处理的功能。在线状态下，能够实现从车站自动售检票 AFC 控制系统下载各种参数、接受车站自动售检票 AFC 控制系统的控制指令，能上传监控数据，根据预先设定的方式上传所处理的各种交易数据，与车站自动售检票 AFC 控制系统进行对账处理。离线状态下，BOM 除了提供需要的功能外，还要保存本地运行数据的备份，在检测到网络恢复以后，进行数据的上传和续传，并进行数据账目的核对。

（三）半自动售票机的操作

BOM 操作与企业票务政策及乘客票务事务处理规定相关，通常分为非付费区模式和付费区模式。处理非付费区乘客票务时，应选择在非付费区模式下操作；处理付费区乘客票务时，应选择在付费区模式下操作。以某城市轨道交通运营企业 BOM 操作为例，常见票务事务的 BOM 操作有系统登录、售票、充值、验票、单程票退票退款、异常票卡处理等。

半自动售票机
基本操作动画

1. 系统登录

（1）开机后进入系统主界面，然后点击“登录”按钮，显示登录界面，界面如图 4-42 所示。

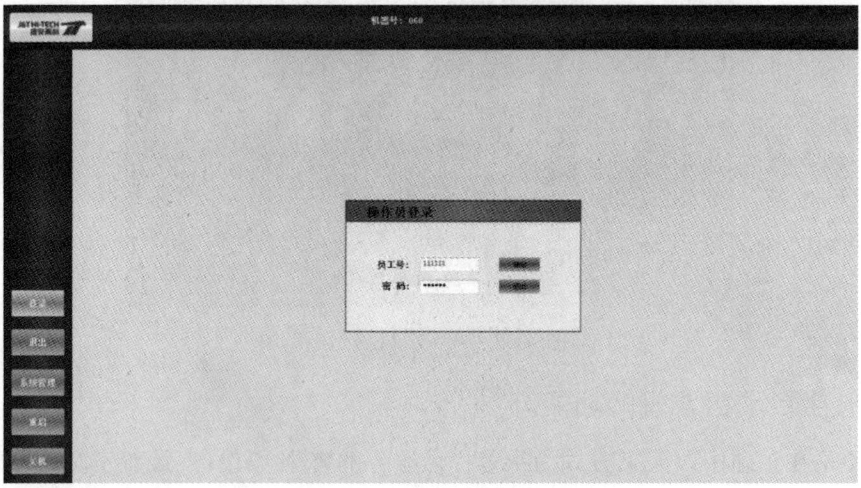

图 4-42　系统登录界面

（2）在登录界面，输入用户名和密码，然后点击“确认”按钮，系统会对用户名和密码的有效性进行验证，如果验证失败，会给出错误提示信息，并提示再次输入用户名和密码。系统会对登录密码和用户名有效性次数进行限制，错误检验次数达到 3 次，系统会记录系统日志。

（3）系统登录时不仅要验证用户的合法性，同时系统会根据注册的用户进行功能授权和权限控制，使得用户只能合法地操作已授权的功能。

（4）当用户输入正确的用户名和密码，并点击“确认”登录成功后，进入系统操作主界面。

2. 售票

售票操作分为发售单程票操作和发售储值票操作两部分内容，其中发售单程票操作又分为按站点发售单程票操作和按金额发售单程票操作，具体操作流程如下：

（1）按站点发售单程票。

① 进入售卡界面，选择售卡类型为“单程票”。

② 选择相应的线路号，可以通过下翻按钮来显示不同的线路号。

③ 选择相应的站点。

④ 选择相应的数量，这时操作员界面中会根据选择的站点计算出相应的票价，并会在操作员显示器上显示售票信息、售票单价、数量及合计金额等。

⑤ 点击“确定”按钮，然后将相应票卡放置在外读写器上进行赋值，读写器会对卡片的有效性进行验证，并会在操作员界面显示详细的售卡信息，包括售卡是否成功及被赋值的票卡信息等。

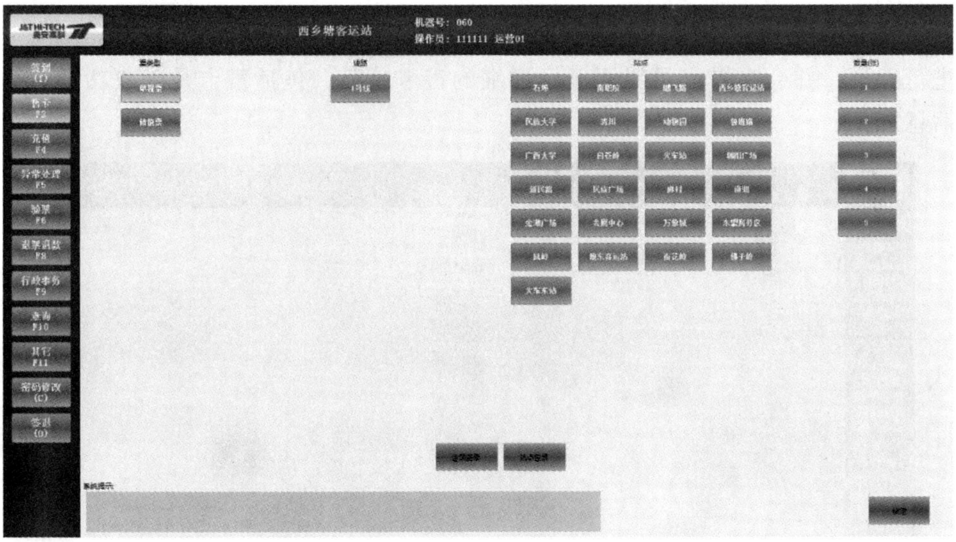

图 4-43　按站点发售单程票操作界面

（2）按金额发售单程票。

① 进入售卡界面，选择售卡类型为“单程票”。

② 选择“金额售票”，选择相应的金额。

③ 选择相应的数量，这时操作员界面会显示售票信息、售票单价、数量及合计金额等。

④ 点击“确定”按钮，然后将相应票卡放置在外读写器上进行赋值，读写器会对卡片的有效性进行验证，并会在操作员界面显示详细的售卡信息，包括售卡是否成功及被赋值的票卡信息等。

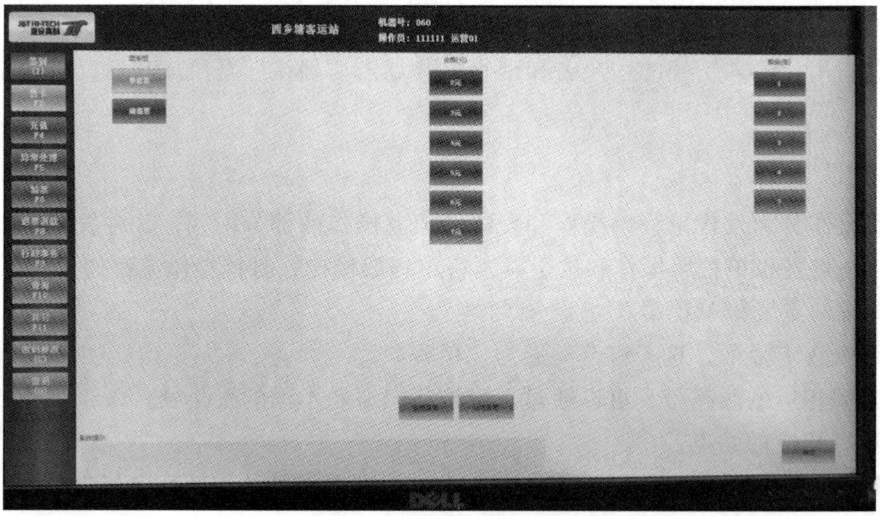

图 4-44　按金额发售单程票

（3）发售储值票。

① 进入售卡界面，选择售卡类型为“储值票”，进入储值售卡界面。

② 选择相应的售卡金额。

③ 点击确定按钮，然后将相应票卡放置在外读写器上进行赋值，读写器会对卡片有效性进行验证，并会在操作员界面显示详细的售卡信息，包括售卡是否成功及被赋值的票卡信息等。

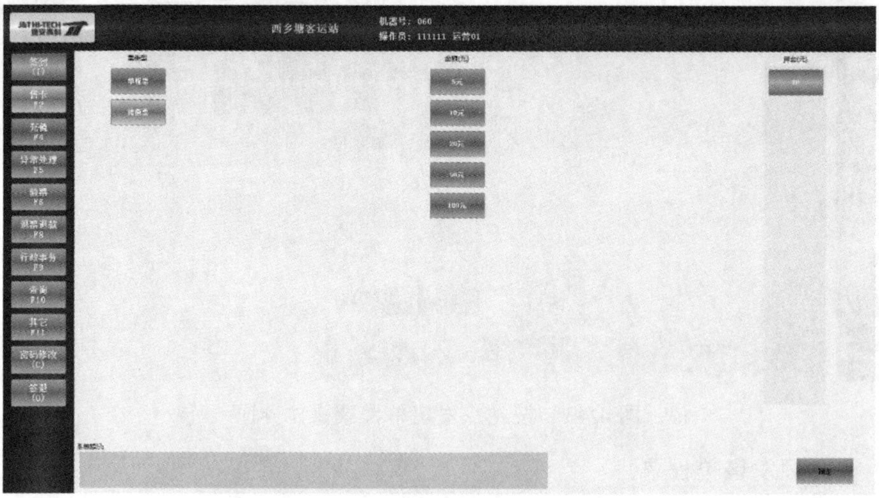

图 4-45　储值票发售操作界面

3. 充值

（1）点击左侧菜单“充值”按钮，显示充值列表界面。充值操作界面如图 4-46 所示。

（2）将储值卡放置于读卡器感应区，并根据乘客要求选择对应的充值金额，充值金额可从充值金额列表中选择。

（3）在弹出的提示信息框中选择“确定”。

（4）点击“确定”按钮，完成充值功能。

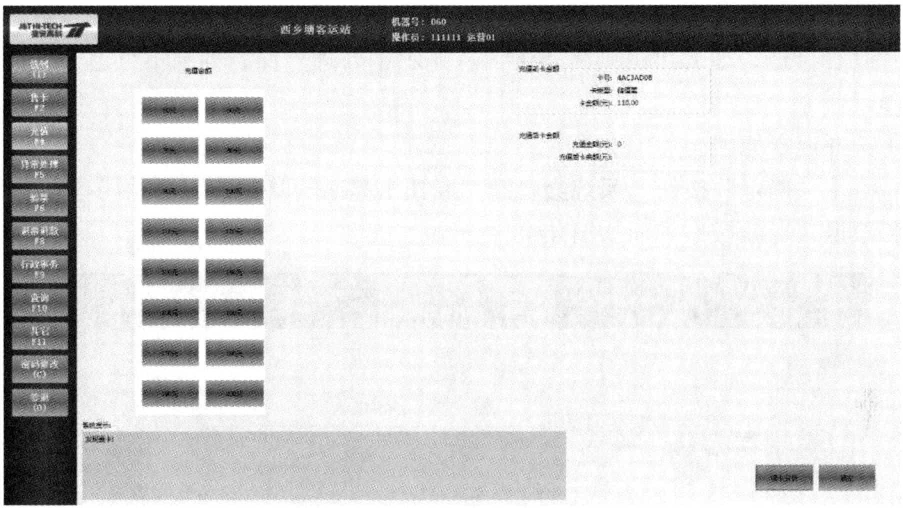

图 4-46　充值操作界面

4. 验票

（1）在业务面板上，点击“验卡”，系统弹出“请将卡片置于读卡器上”的窗口。

（2）将单程票或储值票放在外置读卡器上。

（3）读卡，对卡数据进行校验，对于非系统卡，系统给出错误提示信息；对于本系统卡，可以读出卡内信息，如果卡内数据有异常，在数据显示时会对异常数据做出标记。

（4）如果要继续验卡，则换另一张卡，系统会自动继续检验该卡，不需关闭验卡界面。

（5）按“返回”后窗口关闭。

验票操作界面如图 4-47 所示。

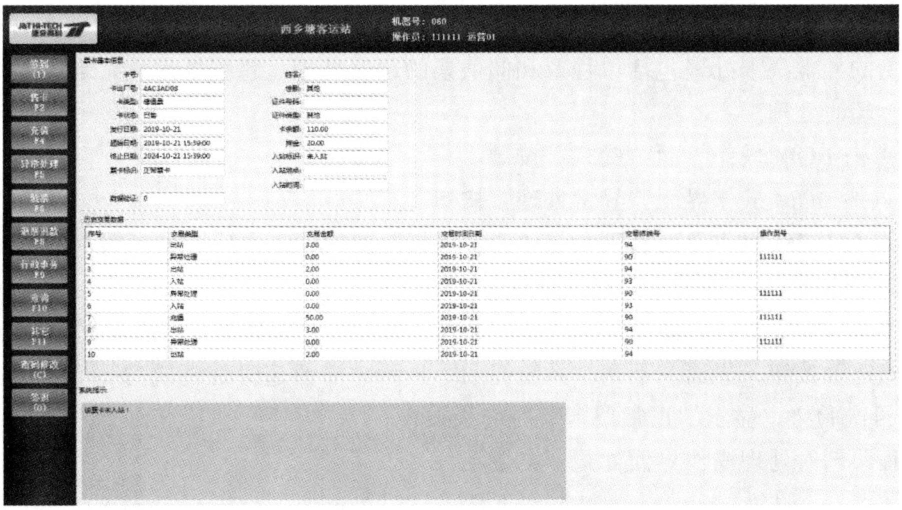

图 4-47　验票操作界面

5. 单程票退票退款

（1）将票卡放置于读卡器感应区。

（2）点击左侧菜单“退票退款”按钮，系统会自动读取票卡信息，进行数据校验，验证卡片是否可退，如果可退则将票卡信息显示于处理界面，如果不可退，则显示不可退的原因。

（3）选择退卡原因。

（4）点击“确定”按钮，系统会自动判断票卡是否允许退还，并给予信息提示。

单程票退票退款操作界面如图 4-48 所示。

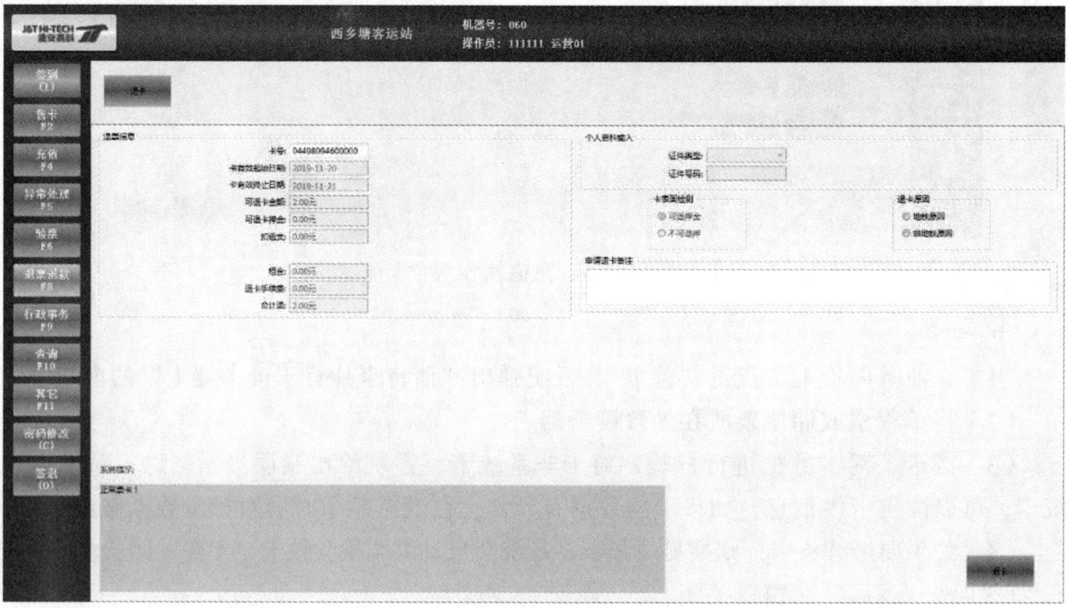

图 4-48　单程票退票退款操作界面

6. 异常票卡处理

常见的异常票卡处理包括单程票和储值票的超时处理、超程处理、无票乘车处理等。

（1）超时处理。

① 点击 BOM 操作界面“验票”按键。

② 点击 BOM 操作界面“异常处理”按钮。

③ 点击 BOM 操作界面右下角的“读卡分析”按钮，点击后会显示票卡的基本信息。

④ 在异常原因选项框中选择“滞留超时”选项。

⑤ 点击 BOM 操作界面右下角“异常处理”按钮后，界面显示“您确认需要处理吗”，点击“确定”按钮，界面左下角“系统提示”显示“滞留超时处理成功”。

⑥ 再次验票，显示“正常票卡”后交予乘客。

单程票超时处理操作界面如图 4-49 所示。

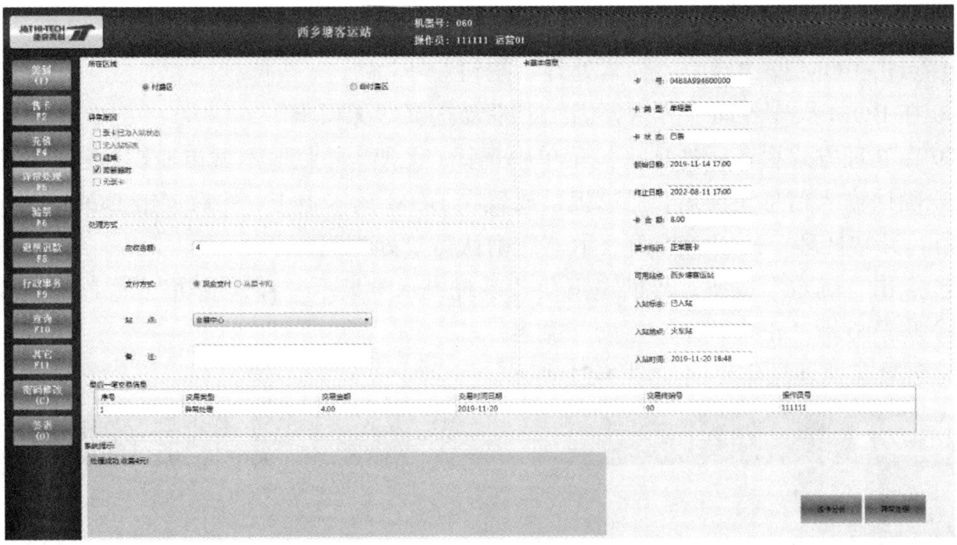

图 4-49　单程票超时处理操作界面

（2）超程处理。

① 点击 BOM 操作界面“验票”按键。

② 点击 BOM 操作界面“异常处理”按钮。

③ 点击 BOM 操作界面右下角的“读卡分析”按钮，点击后会显示票卡的基本信息。

④ 在异常原因选项框中选择“超程”选项。

⑤ 点击 BOM 操作界面右下角“异常处理”按钮后，界面显示“您确认需要处理吗”点击“确定”按钮，界面左下角“系统提示”显示“补票操作成功”。

⑥ 再次验票，显示“正常票卡”后交予乘客。

单程票超程处理操作界面如图 4-50 所示。

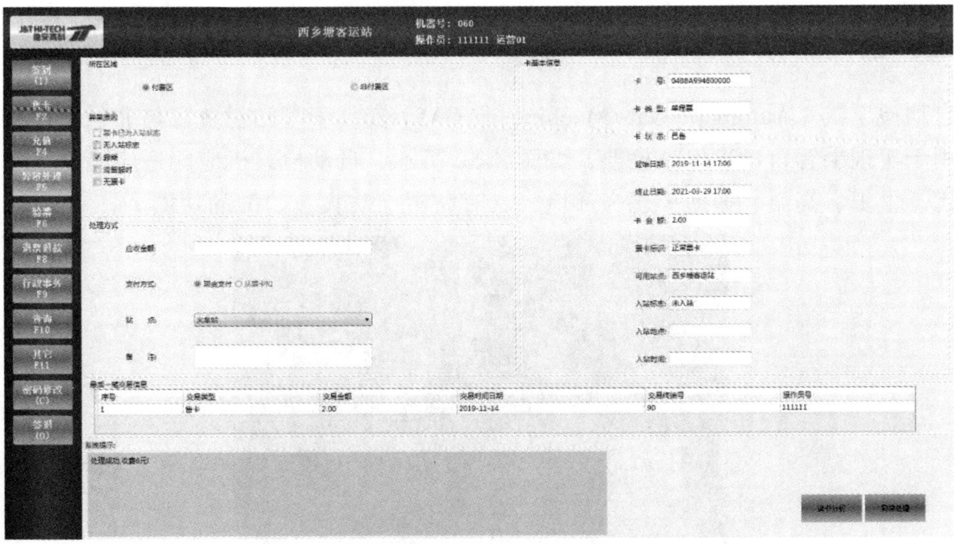

图 4-50　单程票超程处理操作界面

（3）无票乘车处理。

① 点击 BOM 操作界面“异常处理”按钮。

② 在 BOM 操作界面“异常原因”栏手动选择“无票卡”。

③ 在处理方式栏备注选项下拉菜单中选择“无票”并收取本城市地铁单程最高票价。

④ 确认输入信息无误后，把单程票放置在 BOM 读卡器上，然后点击 BOM 操作界面右下角“异常处理”按钮，界面显示“您确认需要处理吗？”

⑤ 点击“确定”按钮，界面左下角“系统提示”显示“补票成功”。

⑥ 验票显示“正常票卡”后交予乘客。

无票乘车处理操作界面如图 4-51 所示。

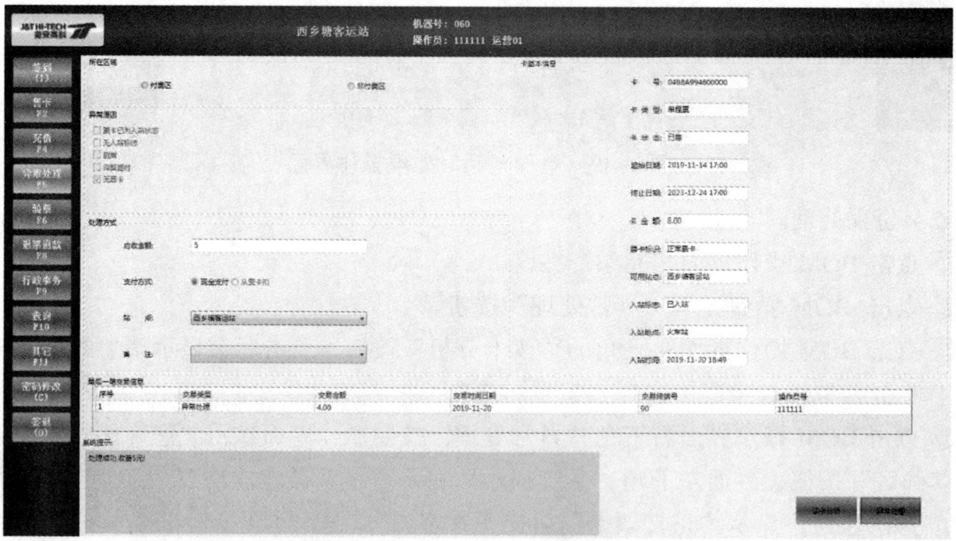

图 4-51　无票乘车处理操作界面

三、自动检票机

自动检票机（Automatic Gate Machine，AGM）安装于车站付费区与非付费区的交界处，用于实现乘客自动进出站检票，如图 4-52 所示。自动检票机应能适应地铁车站的强磁干扰、尘土、高温、振动等恶劣环境，具有防滑、防火、防酸的功能。

图 4-52　自动检票机外观

（一）自动检票机结构

自动检票机以主控单元为核心，辅以阻挡装置、车票处理装置、声光提示装置等模块。主控单元一般选用高可靠性、低功耗的通用型嵌入式计算机设备或工业级计算机设备，需要具有丰富的外部接口以支持外部设备的连接，并需要保留部分接口以支持未来设备的扩展。

自动检票机结构可从上部、侧向和立面三个方向进行介绍。

1. 上部结构

（1）票卡读写器。

票卡读写器的安装位置符合乘客右手持票习惯，在检票机安装读卡器的位置有醒目的标识指示乘客刷卡位置，如图 4-53 所示。闸机的读写器可分为两种：储值票读写器和单程票读写器（两种读写器可以互换），两种读写器软件版本相同，支持对 IOS 14443 A/B 标准卡片的读写操作。针对不同的设备应用，相应的票卡读写器执行充值和消费操作。读写器有效读写距离为 10 m，交易速度为 200 ~ 1 000 ms。

进站检票机及出站检票机都装有一个储值票读写器及天线，另外，出站检票机传输装置中还装有一个小天线的单程票读写器，用以完成单程票回收时的读写操作。双向检票机拥有进站和出站的所有读写器。

图 4-53　票卡读写器刷卡区

（2）乘客显示器。

乘客显示器（见图 4-54）为可变显示，能够显示中文、英文、数字及图形，以引导乘客正确使用检票机。

（3）优惠票指示灯。

当乘客所持车票为优惠票种，刷卡经过该自动检票机时，优惠票指示灯为闪烁状态，如图 4-55 所示。

图 4-54　乘客显示器

图 4-55　优惠票指示灯

2. 侧向结构

（1）通行传感器。

通行传感器能够监控乘客通过自动检票机的整个过程以及监测通过自动检票机的人数。自动检票机一般采用两种传感器：透过型传感器和漫反射型传感器，如图 4-56 所示。

每对（个）传感器都不是单独使用的，通过控制单元对一组或者所有传感的检测反馈信息进行分析处理，保证通行控制的准确性和安全性。

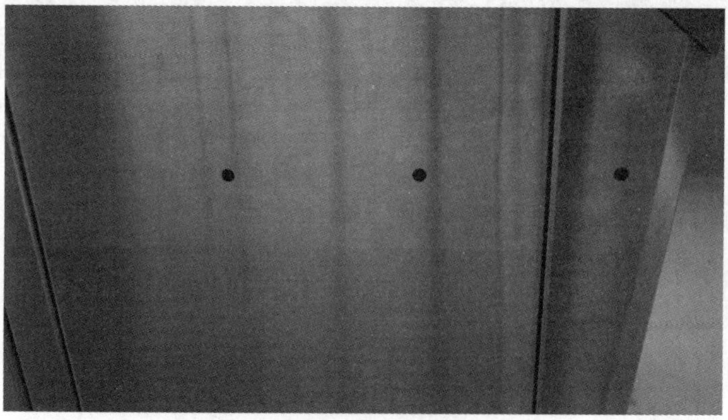

图 4-56　通行传感器

（2）高度传感器。

自动检票机上装有检测身高的反射型传感器，用于检测通过的乘客是否是身高为1.2 ~ 1.4 m（高度可调）以下的儿童，如图 4-57 所示。从检票机中部呈向斜上方的反射型传感器，可以检测到高度约 1.2 ~ 1.4 m（高度可调）以上的物体。当这个反射型传感器未检测到任何物体时，即使其他的传感器检测到有物体通过，也不认为是通过的乘客。因此，身高约 1.2 ~ 1.4 m（高度可调）以下的儿童即可以安全地通行。但是在实际通行当中，由于乘客通过时身高变化较大，所以不能非常精确地利用身高作为识别是否为儿童乘客的依据。

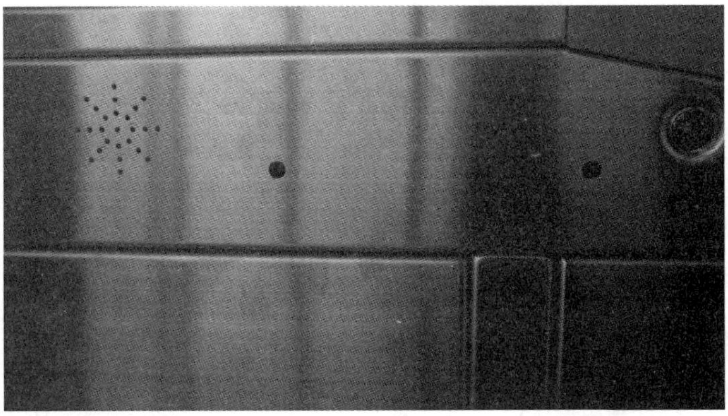

图 4-57　高度传感器

（3）扇门。

扇形门装置是另一种得到广泛应用的检票机阻挡装置。扇形门装置由扇形门、机械控制结构和控制板组成，如图 4-58 所示。

扇形门由软性塑胶和内置钢板组成。门的边缘部分采用软性塑胶材料，从而能最大限度地减小有人强行通过时可能会对人体造成的损害。其内部的钢板可保证扇形门有效地快速关闭和阻止有人强行推动扇形门。扇形门为三角形，由可吸收能量的软性材料制成，当受到冲击时会发生变形并能自动恢复到原来状态。

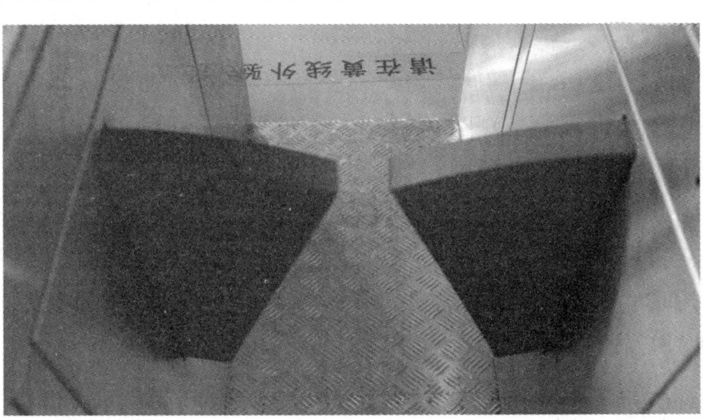

图 4-58　扇门

当扇门需要动作时，控制板驱动电动机，通过减速齿轮提供动力给转换器，在操作杆连接处产生力矩，通过电磁铁传递运动，最终带动扇门运动。控制板负责对机械的控制功能及传感器信号进行管理。

3. 立面结构

（1）方向指示灯。

方向指示灯位于检票机面向乘客的前面板上，显示通道的通行方向标志，远距离指示乘客通道的通行状态。方向指示灯的设计应确保乘客在距离 30 m 外就可以明辨标志的内容和含义。

方向指示灯及乘客显示器在“通行”与“禁行”的标志统一上，采用国际通用的标志，且配有中文说明文字，以图形加文字的形式提示乘客，如图 4-59 所示。

（a）“通行”状态

（b）“禁行”状态

图 4-59　方向指示灯

（2）车票处理装置。

车票处理装置是自动检票机的另一个关键部件，车票处理装置负责完成车票的读写、传送及回收处理。车票处理装置主要包括两大部分：车票读写设备和车票传送装置。

对于 IC 车票，目前使用的基本上都是非接触式 IC 芯片车票，只要车票停留在天线感应的范围内，都可以对其进行读写。因此对于进站交易而言，只需要使用车票读写器就可以完成进站处理，从而不需要配置传动装置。由于出站时单程使用的 IC 车票都需要回收，因此当使用单程 IC 车票出站时，必须将 IC 车票投入（筹码型）或插入（方卡型）车票处理装置中，车票通过传送装置（通道）到达天线感应区并在此完成车票读写，交易成功的车票继续经传送装置回收到票箱中，非法车票或交易失败的车票将返还给乘客，由乘客到车站服务中心完成票务更新后再次使用。对于不需要回收的 IC 车票，与进站相似，仅使用车票读写器就可以完成出站处理。带有票箱的车票处理装置通常需要配置两个票箱，并实时监控票箱的状态，在票箱未安装、票箱将满或票箱已满时，需要向主控单元发送相关信息，主控单元将相关信息上传到车站计算机系统 SC。票箱通常还具有计数功能，或由主控单元进行计数。车票处理装置应可以根据主控单元的命令将车票回收到指定票箱中。

车票处理装置如图 4-60 所示。

图 4-60　车票处理装置

（二）自动检票机功能

自动检票机的基本功能是对乘客所持的车票进行检验，并完成进站或出站的交易处理。在计时计程的收费规则下，进入收费区及离开收费区时都需要进行车票检验。进入收费区时检查车票的合法性并记录进入时的地点和时间；离开收费区时检查车票的合法性、进站信息的合法性及收费区内停留时间，并根据进入位置和离开位置计算本次旅程的费用，完成车票扣款操作。

自动检票机的主要功能：

（1）自动对车票进行有效性检验，对有效车票进行相应处理后放行乘客，对无效车票拒绝放行。

（2）对车票处理结果给出明确的提示信息。

（3）对通道的通行状态给出明确的指示。

（4）对特殊车票的使用给出明确的提示。

（5）对需要回收的车票执行回收操作。

（6）对各部件的工作状态进行自动监测，并向车站计算机系统上报工作状态。

（7）接受车站计算机系统下发的参数和控制命令，并执行相应的操作。

（8）存储并上传交易信息。

（9）接受紧急按钮信号并控制设备的操作。

（三）自动检票机种类

1. 根据阻挡装置类型分类

（1）三杆式检票机。

三杆装置由旋转三杆机构和控制板组成。在乘客通行时，主控单元发送命令给控制板，由控制板控制三杆开启，使三杆在一定的时间（一般为 8 s）内允许其向各方向转动 120°，使持有效车票的乘客能够顺利通过。三杆式检票机结构简单、成本较低、维护方便，但通行速度低。三杆式检票机如图 4-61 所示。

图 4-61　三杆式检票机

（2）扇门式检票机。

扇门式检票机是城市轨道交通车站广泛采用的一种检票机。与三杆式检票机相比，其通行能力比三杆式检票机多了近一倍，而且其设计理念较为人性化。但其阻挡装置结构比较复杂，成本较高。扇门式检票机如图 4-62 所示。

图 4-62　扇门式检票机

（3）拍打门式检票机。

目前我国高速铁路客运站使用的是拍打门式检票机，如图 4-63 所示。

图 4-63　拍打门式检票机

2. 根据通道宽度分类

（1）普通检票机。

通道宽度 500 ~ 540 mm。

（2）宽通道检票机。

通道宽度 900 mm，宽通道检票机可供轮椅及携带大件行李的乘客通过。

3. 根据功能分类

（1）进站检票机。

进站检票机仅能完成进站检票，检票端在非付费区。

（2）出站检票机。

出站检票机仅能完成出站检票，检票端在非付费区。

（3）双向检票机。

双向检票机既可完成进站检票也可以完成出站检票，在付费区和非付费区分别遵循进站和出站的处理规则（一侧刷卡通行时，侧方向乘客显示器显示“禁止通行”）。

（四）自动检票机操作

1. 乘客对自动检票机的操作

检票机对单程票的使用方法采用“照进查出”方式，对储值票和其他不回收票卡则采用“照进照出”方式。乘客进站时，将车票在靠近进站检票机顶部的读写器上方位置后停留（照）一下（见图 4-64），即为以“照进”方式进行检票操作。

乘客持单程票出站时，将单程票插入出站检票机的投票口，即为以“插出”方式进行检票操作。由于单程票需被回收后重复使用，因此乘客出站时，必须将单程票插入出站检票机，以便车站回收循环利用。对于有效单程票，出站检票机将自动回收车票；对于无效单程票，需将车票返还给乘客。

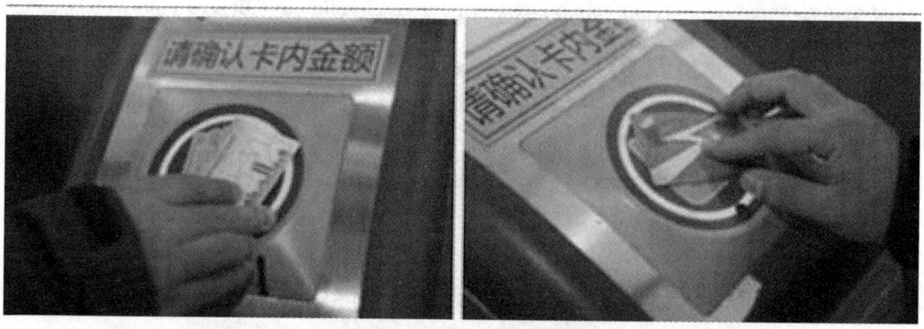

图 4-64 “照进”方式检票

2. 工作人员对自动检票机的操作

（1）开关机操作。

① 开机操作。

a. 打开维修门。

b. 打开总电源控制开关（空气开关）。

c. 打开 UPS。

d. 打开电源控制箱开关。

e. 打开工控机开关，此时自动检票机会自动启动操作系统和自动检票程序，无须人工干预。

f. 关闭维修门，观察其是否进入正常服务状态。

② 关机操作。

a. 打开维修门，显示登录界面后输入用户名和密码。

b. 在维护菜单选择“退出程序”。

c. 在 ACM 系统关团之后，关闭 UPS。

d. 关闭电源箱开关。

e. 关闭总电源控制开关（空气开关）。

f. 关闭维修门。

③ 更换票箱。

通常每日运营结束后以及出站闸机将满或已满时，需要站务人员进行更换票箱的操作。不同运营企业自动检票机的单程票回收装置设计有所不同，但基本操作步骤大致相同，下面以某城市地铁车站使用的自动检票机为例，说明更换票箱流程。

a. 打开回收装置侧维护门。

b. 登录进入维护界面。

c. 使用回收装置上的按钮或使用维护界面中更换票箱中的“弹出票箱”菜单命令将票箱托盘降到票箱底部。

d. 用钥匙锁住票箱机械锁。

e. 取下票箱。

f. 将新票箱安装到回收装置上。

g. 打开票箱机械锁。

h. 使用回收装置上的按钮或使用维护面板中更换票箱中的装回票箱托盘升到票箱顶部。

i. 进入维护面板中的票箱数量界面，将票卡计数清零。

j. 关闭维护门。退出通道，观察自动检票机是否进入“正常服务状态”。

四、自动查询机

（一）自动查询机的定义

自动查询机（Ticket Checking Machine，TCM），它安装在非付费区，供乘客自助查看车票的信息及有效性。读取过程中不修改车票上的任何数据。自动查询机的操作采用触摸屏触摸的方式。自动查询机应可显示乘客服务信息，由线路自动售检票 AFC 控制系统下载，如图 4-65 所示。

图 4-65　自动查询机

（二）自动查询机组成结构与功能

自动查询机主要由主机、电源、读卡器和触摸显示器等结构组成。

自动查询机具有车票查询和乘客服务信息查询等功能。车票查询是读取票卡信息，因此不具备写票功能，工作人员将车票在阅读器/天线处出示后 1 s 内，能显示车票的查询内容。

（1）车票逻辑卡号。

（2）车票类型。

（3）余额/使用次数，即显示该车票当前所剩余额及使用次数。

（4）车票有效期，即显示该车票的有效使用期限。

（5）车票无效原因，如安全性检查出入顺序检查、黑名单票检查、超乘、超时等。

（6）交易历史等。

乘客服务信息查询的信息由后台定制下载，可以接受 Flash、图片、文本等形式的文件。提供的乘客服务信息力求最方便适用。乘客服务内容分类可定制，当一个屏幕显示不完时，可采用垂直滚动条翻页的形式，内容包括自动售检票 AFC 系统介绍、自动售检票 AFC 系统使用指南、地铁公告等。

五、手持验票机

手持验票机是车站工作人员对乘客所使用的车票进行检票和验票的设备，可读取城市轨道交通专用车票和储值票的数据。该设备可在不同的车站和不同的区域之间移动操作。在操作时可显示相关的交易信息，如票种、票价、历史数据、有效期、无效原因等，以帮助车站管理人员对车票进行分析、处理，存储在验票机中的数据由车站上传到 ACC。

（一）手持验票机的结构

手持验票机主要由屏幕、确认键、返回键、数字键、电源开关、快捷功能键、刷卡区和电池仓等组成，如图 4-66 所示。

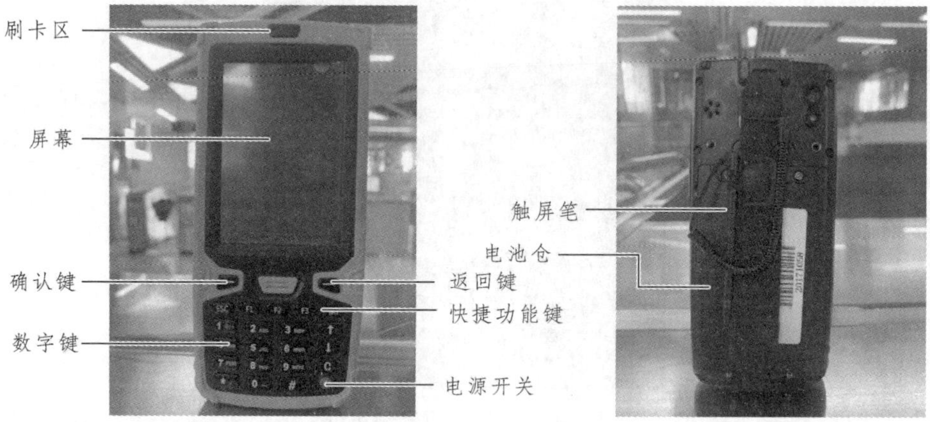

图 4-66　手持验票机的结构

（二）手持验票机的功能及操作

1. 初始化

手持验票机在使用前首先要进行初始化，再安装软件，然后按下电源开关键开机，开机后检查验票机是否置于底座上，最后通过连接 SC 载入操作系统。

2. 进入菜单

初始化结束后屏幕显示菜单项。

用上下移动键选择菜单项，按“OK”键确认。

3. 验卡

选择“检票模式”菜单项，需要进行身份认证（使用员工卡或输入 ID 号，输入密码），正确登录后，可将乘客票卡靠近感应区进行检验，票卡信息（票值、乘车站、目的站、购票时间等）会显示在屏幕上。

4. 关机

在开机状态下按下电源开关按钮，手持式验票机将关机。

任务 4.3
基于“互联网+”的自动售检票系统终端设备

传统的终端设备功能虽能满足乘客使用现金购买单程票和使用储值票（如“一卡通”等）购票、乘车的需求，但对想快捷乘车的乘客来说仍存在一定制约，同时也对运营管理来说造成一定的不便。在互联网快速发展的今天，自动售检票系统逐步引入相关技术，在传统设备的基础上增加多元化支付功能，设置有云购票机、自助取票机等设备，以满足乘客多元化支付的需求，解决现金交易的困扰及不便，降低运营票务人员每天硬币/纸币清点、解行、入库等繁琐的现金管理消耗，减少运营人力成本，同时减少乘客车站现场购票排队的困扰等问题。

一、云购票机

云购票机（见图 4-67）作为一种新型的自动售票设备，与传统自动售票机不同的是，乘客可以使用第三方支付工具（如：支付宝、微信、银联等）在云购票机购买车票乘坐地铁，从而省去了现金支付的麻烦，提高了地铁的运营效率。添加云购票机到自动售检票系统中不是简单增加一种终端设备，而是需在清分中心 ACC 层增加一个“云支付”的地铁后台，该平台通过外网与第三方支付平台对接从而进行结算管理，同时上传交易数据给清分系统。

（一）云购票机的结构

云购票机的外观结构由乘客触摸显示屏、二维码扫描口、刷卡区、出票口和票据出口组成，如图 4-68 所示。设置刷卡区的目的是为了方便乘客使用一卡通或银联卡进行刷卡支付。

图 4-67　云购票机

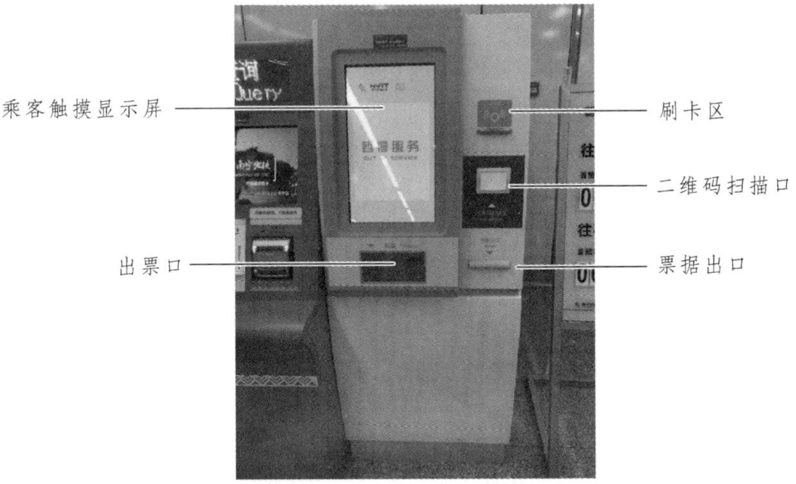

图 4-68　云购票机的结构

（二）云购票机的功能

1. 售票功能

云购票机具有出售地铁单程票功能。乘客先选择目的地车站或在选定票价、数量后再支付，并提供给乘客票价选择和车站选择两种购票方式，以满足不同乘客的使用要求。同时给乘客显示张数、各种付费方式、交易取消、交易确认等选择按钮。

2. 支付功能

云购票机可接受基于支付宝、微信、银联等第三方支付方式的票款支付。乘客购票完等待支付时可直接用第三方支付工具主动扫描购票界面的二维码，或者通过云购票机上安装的二维码扫码器扫描手机上由第三方支付 App 生成的二维码。

3. 维护功能

维护功能是指操作人员通过它来进行日常维护工作，如：更换故障模块、恢复网络售票机中的数据等。

4. 可扩展功能

云购票机预留有生物识别功能和接口（人脸识别、指纹识别和虹膜识别等），预留了票据打印功能，因此有具有很大的扩展空间。

（三）云购票机的操作

云购票机的购票操作分为现场购票和互联网购票两种。其中现场购票流程与传统自动售票机购票流程一样，不同点在于传统 TVM 购票时采用现金支付的方式，而云购票机现场购票通过微信、支付宝等网络支付平台进行支付，这里不再对现场购票流程进行赘述。互联网购票的具体操作方法：

云购票机的互联网购票操作流程即为线上预购票、线下取票，具体流程为：

（1）乘客先提前通过地铁微信公众号、官方购票 App、支付宝等平台进行预购票。如关注微信公众号——广州地铁微服务来进行预购票见图 4-69。

（2）进入“购票”界面，选择车票类型。

（3）选择起、止车站及车票张数，点击“购票”。

（4）进入车费支付。

（5）支付成功后，预购票成功。

（6）到达预购票出发车站，找到云购票机。

（7）调出预购票的二维码（首先打开公众号在“购票”处选择“普通单程票”选项）。

（8）查找并进入待取票的记录界面。

（9）扫描预购票二维码即可取票。

（10）线下取票流程如图 4-70 所示。

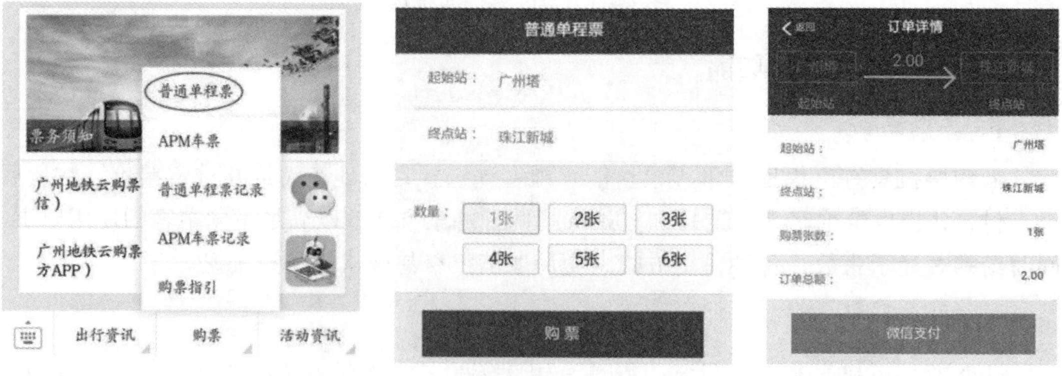

图 4-69　广州地铁微服务微信公众号预购票流程

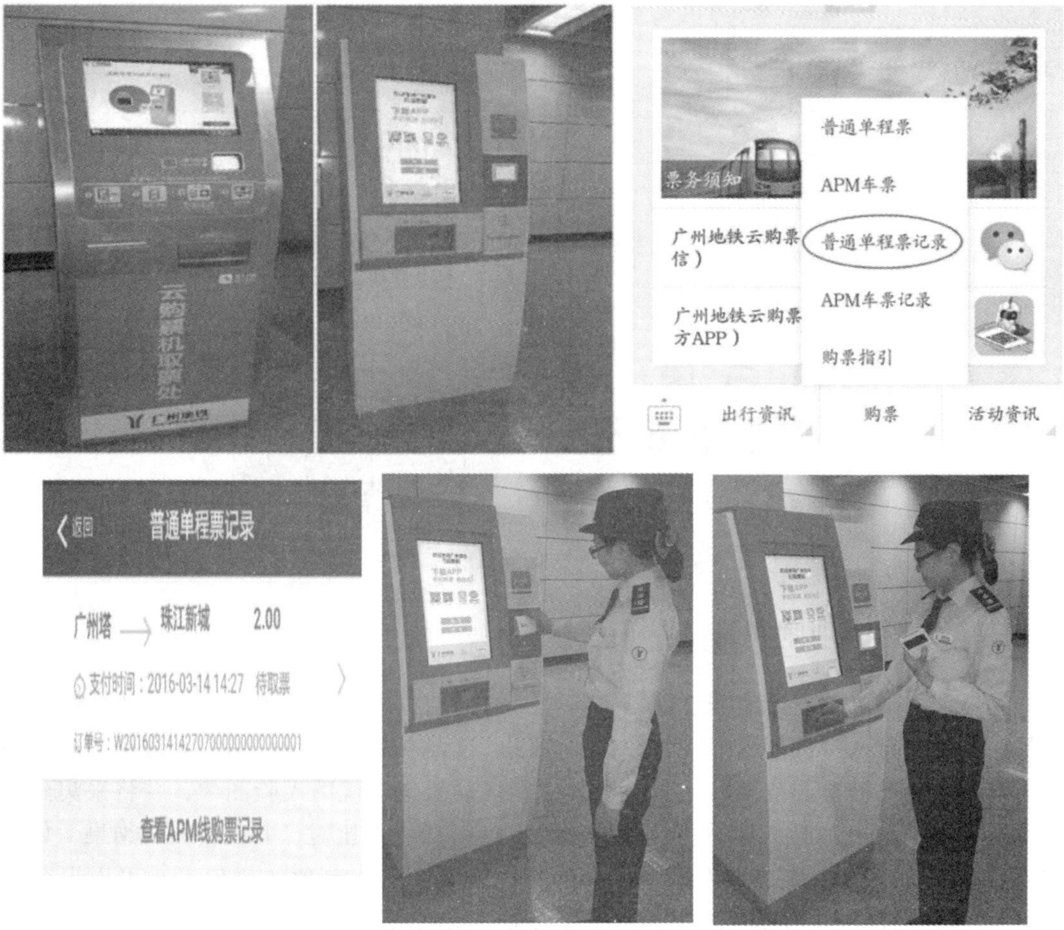

图 4-70　广州地铁互联网购票线下取票流程

二、手机二维码支付

随着智能手机的普及以及微信、支付宝等 App 的广泛应用，二维码扫码支付已经成为人们生活当中必不可少的支付方式。要想在传统地铁已有的 AFC 系统中引入二维码扫码技术，就需对系统中的终端设备闸机、半自动售票机的软硬件和车站 SC、线路 LC 以及中心 ACC 系统软件等进行升级改造。改造的目标是使地铁闸机可受理手机 App 二维码，并在验证后对合法用户予以放行。同时，闸机将相应的交易信息上传至 ACC 集中处理。ACC 可根据收集到的交易信息，对乘客进出站交易进行匹配，并在日终生成相应的交易流水及扣款信息。

基于移动设备的地铁二维码票务系统中，乘客可实时地在智能设备上购买地铁票，并通过在配有扫码设备的闸机上扫描地铁票对应的二维码图案进站出站。票务系统由三部分构成：移动设备上的购票客户端软件、带有二维码扫描设备的进出站闸机及配套软件、后台管理系统。南宁地铁官方 App 二维码支付界面如图 4.71 所示。

图 4-71　南宁地铁官方 APP 二维码支付

三、人脸识别闸机

人脸识别闸机的主要实现功能是，将具有边门通过权限的员工或乘客的照片信息进行收集，然后导入到管理平台，并使用身份证阅读器获取人员身份信息并进行关联，当人员走近人员通道检测范围时，人脸组件应能自动采集最优的人脸图像，并将采集到的人脸图像/特征码在后台人脸分析比对一体机上进行 1∶N 比对，并反馈比对结果，如果结果的第一相似的特殊乘客人像库人员的相似度大于等于阈值（阈值大小可以自行设定），则视为已授权人员，反之视为非授权人员。相关比对结果返回人脸识别闸机处。当判定为合法人员时通道打开，并在信息提示屏上给出当前人员信息；当判定人员不在库内时，信息提示屏上给出“人脸信息未注册”的提示信息，记录合法人员从刷脸进站到刷脸出站的全过程，并在系统中对应给出该乘客的出行线路。相关信息由平台实现与 AFC 的对接，用于 AFC 的票务结算。南宁地铁全态识别闸机如图 4.72 所示

图 4-72　南宁地铁全态识别闸机

思考与练习

（一）单选题

1. （　　）是自动售票机的核心模块，负责运行控制软件，实现车票处理、现金处理显示、数据通信和状态监控等功能。

A. 主控单元　B. 乘客显示器　C. 单程票发售模块　D. 维护面板

2. （　　）用于运营结束后回收设备内的硬币。

A. 纸币钱箱　B. 硬币暂存器　C. 硬币接收器　D. 硬币钱箱

3. （　　）主要用于车站工作人员对设备进行操作、故障诊断和维护等工作。

A. 主控单元　B. 乘客显示器　C. 单程票发售模块　D. 维护面板

4. 自动售票机的英文简称为（　　）。

A. AFC　B. TVM　C. BOM　D. AGM

5. 半自动售票机的英文简称为（　　）。

A. AFC　B. TVM　C. BOM　D. AGM

6. 自动检票机的英文简称为（　　）。

A. AFC　B. TVM　C. BOM　D. AGM

7. 自动售检票系统的英文简称为（　　）。

A. AFC　B. TVM　C. BOM　D. AGM

8. （　　）安装在非付费区，供乘客自助查看车票的信息及有效性。

A. TCM　B. TVM　C. BOM　D. AGM

（二）多选题

1. 自动售票机能实现（　　）功能。

A. 购买单程票　B. 储值票充值

C. 补票　D. 退票

2. 自动售票机能实现（　　）功能。

A. 购买单程票　B. 储值票充值

C. 补票　D. 退票

3. 自动售检票系统包括：（半）自动售票机、自动检票机、自动查询机等，下列哪一项不是自动检票机的主要功能。（　　）

A. 自动对车票进行有效性检验

B. 对特殊车票的使用给出明确的提示

C. 自动检票机的核心是主控单元

D. 存储并上传交易信息

4. 云购票机能实现（　　）功能。

A. 售票　　B. 支付　　C. 维护　　D. 可扩展

（三）填空题

1. AFC 系统五层标准架构体系由＿＿＿＿、＿＿＿＿、＿＿＿＿、＿＿＿＿和＿＿＿＿组成。

2. ＿＿＿＿能够监控乘客通过自动检票机的整个过程以及监测通过自动检票机的人数。

3. ＿＿＿＿用于检测通过的乘客是否是身高为 1.2 ~ 1.4 m（高度可调）以下的儿童。

4. 根据阻挡装置分类，自动检票机分为＿＿＿＿、＿＿＿＿和＿＿＿＿。

5. 根据通道宽度分类，自动检票机分为＿＿＿＿和＿＿＿＿。

6. 根据功能分类，自动检票机分为＿＿＿＿、＿＿＿＿和＿＿＿＿。

7. 当乘客所持车票为优惠票种，刷卡经过该自动检票机时，＿＿＿＿显示闪烁状态。

8. 云购票机的外观结构由＿＿＿＿、＿＿＿＿、＿＿＿＿、＿＿＿＿和＿＿＿＿组成。

（四）判断题

1. 车票是记录乘客乘车信息的媒介和载体。（　　）

2. 自动检票机的票卡读写器的安装位置符合乘客左手持票习惯，在检票机安装读卡器的位置有醒目的标识指示乘客刷卡位置。（　　）

3. 进站检票机传输装置中还装有一个小天线的单程票读写器，用以完成单程票回收时的读写操作。（　　）

4. 手持验票机是车站工作人员对乘客所使用的车票进行检票和验票的设备，可读取城市轨道交通专用车票和储值票的数据。（　　）

5. 与传统自动售票机不同的是，乘客可以使用第三方支付工具在云购票机购买车票乘坐地铁，省去了现金支付的麻烦。（　　）

6. 乘客只能利用云购票机在车站现场进行购票。（　　）

（五）名词解释

1. 自动售检票系统：＿＿＿＿。

2. 自动售票机：＿＿＿＿。

3. 自动检票机：＿＿＿＿。

4. 半自动售票机：＿＿＿＿。

（六）简答题

1. 简述自动售票机的内外部结构组成。

2. 简述乘客使用自动售票机购买单程票的操作流程。

3. 简述半自动售票机的结构组成。

4. 简述在传统的 AFC 终端设备中设置多元化支付功能的作用。

项目 5
站台屏蔽门系统

【项目导学】

屏蔽门是 20 世纪 80 年代发明出来的一种先进的现代化地铁工程设备。在地铁列车到达车站和离站出发前，该设备能够自动进行活动门的开、关控制。屏蔽门是新型的轨道交通设备，它综合了力学、机械学、电子学、控制论、计算机技术、传感技术、人工智能、系统工程等多种学科领域的知识。屏蔽门知识是车辆设备的基础内容，需要我们熟练掌握，要想保证行车安全，提高运营水平，就要在熟练使用屏蔽门的基础上，熟悉各种情况下的应急处理方法，这在地铁运营过程中具有重要的现实意义。

【知识目标】

1. 能熟知屏蔽门系统结构。
2. 能熟知屏蔽门系统功能。
3. 了解屏蔽门的分类。
4. 了解屏蔽门系统特点认知。
5. 了解屏蔽门系统的设计原则。
6. 了解屏蔽门在车站安全中的作用。
7. 掌握屏蔽门系统的操作。
8. 掌握屏蔽门故障的应急处理。

【技能目标】

1. 能操作屏蔽门系统。
2. 能够紧急处理屏蔽门故障。

【德育目标】

1. 提高获取信息的能力、应变能力、制订计划的能力、分析判断能力、逻辑思维能力。
2. 使学生具备良好的职业道德、严格的纪律性、一定的团队协作和交流与沟通能力。

【建议学时】

16 学时。

任务 5.1

站台屏蔽门系统认知

一、站台屏蔽门系统的定义

城市轨道交通站台屏蔽门，简称屏蔽门（Platform Screen Door，PSD），是安装于地铁、轻轨等轨道交通车站站台边缘，将轨道与站台候车区隔离，设有与列车门相对应，可多级控制开启与关闭滑动门的连续屏障。屏蔽门将站台候车区域与轨道隔离，并设置有与列车门对应的活动门，列车到站后，乘客可通过与列车车门同步打开的活动门直接出入列车车厢，为候车的乘客提供安全保障。

屏蔽门系统的运行模式

站台屏蔽门系统具有安全、节能、环保等作用，封闭式全高屏蔽门系统具有节能及降噪功效。屏蔽门可以将候车空间与隧道空间完全隔开，候车厅的空调冷风不会与列车运行时产生的活塞风产生空气交换，从而大大减小了站台厅空调的容量和耗电量，并能降低列车运行时产生的噪音，为乘客创造一个舒适的候车环境。

二、站台屏蔽门系统的分类

按屏蔽门系统应用场合的密封形式进行分类，可将屏蔽门分为全高封闭式屏蔽门和半高敞开式安全门。

1. 全高封闭式屏蔽门

全高封闭式屏蔽门（见图 5-1）是一道自上而下的玻璃隔墙和滑动门（全高 3 m 以上），沿着车站的站台边缘和两端头进行设置，从而将站台乘客候车区与列车进站停靠区域分隔开。这种屏蔽门系统的主要功能是增加安全性、节约能耗以及加强环境保护。如新加坡的 NEL 线、香港的机场线、哥本哈根、英国伦敦 JLE 线、马来西亚吉隆坡地铁线、西安地铁 2 号线、广州地铁 2 号线等。

全高封闭式屏蔽门的特点：

（1）良好地隔断区间隧道与车站内空调之间的热交换，显著降低车站空调的运行能耗，从而起到节能作用，这也是全高封闭式屏蔽门和半高敞开式安全门最显著的功能区别。

（2）起到防尘挡烟的环保作用，为乘客营造安全、舒适的候车环境。

（3）防止乘客跌落或跳下轨道从而发生危险，从而起到安全保障的作用。

（4）滑动门根据列车车门状态进行同步开启与关闭。

（5）当事故发生时，乘客能通过应急门进行紧急疏散。

（6）在地铁车站的装饰方面，起到美观的作用。

图 5-1　全高封闭式屏蔽门

2. 半高敞开式安全门

半高敞开式安全门（见图 5-2）是由一道上不封顶的玻璃隔墙、滑动门或不锈钢篱笆门（半高式）组成，高度约为 1.2 ~ 1.5 m，其安装位置与全封闭式屏蔽门基本相同，高度比全封闭式屏蔽门低矮，空气可以通过安全门上部流通。这种屏蔽门主要起到隔离作用，提高了乘客在站台候车的安全性，同时还能起到一定的降噪作用，约可降低噪声 10 dB。在法国巴黎线等线路上的车站就安装有这种类型的安全门。

图 5-2　半高敞开式安全门

半高敞开式安全门的特点：

（1）防止乘客跌落或跳下轨道而发生危险，主要起到安全保障作用。

（2）空气能够进行自由的交换流通。

（3）滑动门能根据列车车门状态进行同步开启与关闭。

（4）设计与安装更为简化与方便，适合地面站、高架站或正在运营的地铁线路的加装。

（5）当事故发生时，乘客能方便地进行紧急疏散。

（6）在地铁车站的装饰方面，起到美观的作用。

三、站台屏蔽门系统的作用

1. 增强安全性

安装屏蔽门后，屏蔽门将站台与隧道区间隔离开来，避免乘客被列车活塞风（列车活塞效应近似 500 Pa 的风压）吹吸的潜在危险隐患，避免了乘客探头张望和随车奔跑的现象，防止来客因车站客流拥挤或其他原因跌落轨道，从而可以避免无关的工作人员进入隧道区间。为乘客提供了舒适的候车环境，也保证了行车安全和使列车能高效、快捷、安全运营。

2. 节能功效

设置全高密闭形式的屏蔽门系统后，地下车站空间与列车运行空间完全隔开，避免了地下车站大量空调冷气通过隧道时的散失，降低了地下车站空调通风系统的运行能耗，可节约空调通风系统 20%的电能。

我国地域辽阔，各地在修建地铁时，采用的环控方案不尽相同。本书在介绍南方地区时以广州为例，广州的年平均气温和年最热平均气温都较高，土壤温度全年为 25 °C，日夜温差小，四季变化不明显，因此单纯利用土壤储冷以及利用通风排热是不可能的。与广州地理位置相似的地区还有深圳、香港和新加坡，这些都是在全年通过空调来进行环控调节的。在这些地区安装屏蔽门之后，将大量地减少能耗。我国北方地区，以北京为例，夏季日间气温可高达 35 °C 以上，但日夜温差大，可利用土壤的储冷来克服白天的高温，因此在该地区可以不利用空调进行环控。因此在这些地区，安装屏蔽门系统对于节能影响不大。

3. 降低人工成本

安装屏蔽门后，可以减少甚至不需要站台接车人员，从而节省人工成本，减少地铁的日常运营管理费用。

4. 环保作用

在列车行驶的过程中会有噪声和尘埃产生，在安装屏蔽门之后，站台屏蔽门在站台和轨道之间会形成一个物理屏障，从而较大地降低地铁候车站厅中的噪声。这会给乘客提供一个更加舒适安静的候车环境。活塞风经常把轨道上的垃圾和灰尘带至站台，设置屏蔽门后便可将垃圾和灰尘拒之屏蔽门外，使站台能保持一定的舒适度和清洁度。

5. 提高城市形象

屏蔽门系统是一种新型装置，自动化程度高，能够增加乘客的安全感，对于塑造国际化大都市的形象来说也很有帮助。

四、站台屏蔽门系统的基本设计原则

（1）屏蔽门要根据列车具体编组形式、停车精度要求、采用的车体类型、列车运行速度及当地气候条件（温度、湿度、风压、地震条件）等资料进行综合设计。

（2）屏蔽门应设置在车站站台边的有效站台长度范围以内，以有效站台中心线为基准向两端对称布置。

（3）屏蔽门在站台边缘的设置和外形尺寸在任何时候不得侵入列车行驶动态包络线，屏蔽门的任何构件在轨道侧应满足《地铁限界标准》规定的设备限界要求。

（4）车站设置屏蔽门时，安装尺寸应考虑在门体弹性变形状态下，屏蔽门最外突出点至车辆限界间有不小于 25 mm 的安全间隙。

（5）站台屏蔽门最大运行强度一般保证至少每 2 min 开闭 1 次，每天可连续正常运行 20 h，每年可连续运行 365 天。

任务 5.2

站台屏蔽门系统组成及功能

站台屏蔽门系统是典型的机电一体化设备，由机械和电气两部分构成。机械部分包括门体结构和门机系统，电气部分包括电源系统、控制系统等。

一、屏蔽门系统的机械结构

门体与门机驱动系统组成屏蔽门系统的机械结构，门体为乘客所见的机械部分，门机则是驱动门体运转的机械驱动系统。

门体结构动画演示

（一）门体结构

门体结构为乘客在站台可直观看见的部分，主要由顶箱、门状态指示灯、立柱、门本体结构、踢踏板、门槛等部分组成，如图 5-3 所示。

图 5-3　屏蔽门门体结构

1. 顶箱

顶箱置于门体顶部，由前后盖板、上封板、底部装饰板、密封件等组成。顶箱上可装设一些导向标识，但其主要功能是对内部部件进行密封保护，并采用防电磁干扰措施。此外，顶箱内藏有重要的机械部件，可保证门体正常的自动开关，如图 5-4 所示。

图 5-4　顶箱

2. 门状态指示灯

门状态指示灯用于判断单个滑动门的状态情况。门状态指示灯点亮时，表示屏蔽门处于打开状态；熄灭时，表示处于关闭状态；闪烁时，表示处于隔离状态，如图 5-5 所示。

图 5-5　门状态指示灯

3. 立柱

立柱及下面的底座（如图 5-6 所示）是屏蔽门的主要承重结构，底座通过绝缘件与站台板进行螺栓连接，既保证结构上的牢固可靠，又保证屏蔽门系统与站台板地面间的绝缘隔离。

图 5-6　立柱

4. 踢踏板

踢踏板采用不锈钢材料，主要是用来提高安全门的强度，防止乘客有意或无意踢脏或踢碎门体玻璃，踢踏板上边距地面 150 mm 高，如图 5-7 所示。

图 5-7　踢踏板

5. 门槛

门槛又称踏步板，采用铝合金材料，表面上通过一种凸凹结构做防滑处理，门槛位于所有能够滑动的门体下端。因为这些地方是乘客最有可能踩踏的区域，以此来避免乘客经过时发生不必要的摔倒，同时又与站台板进行绝缘固定，以防止乘客触电，如图 5-8 所示。

图 5-8　门槛

6. 门本体结构

门本体结构是站台屏蔽门机械结构中最重要的组成部分。按照结构和功能的不同一般可分为滑动门（ASD）、固定门（FIX）、应急门（EED）、端门（MSD）四种，如图 5-9 所示。

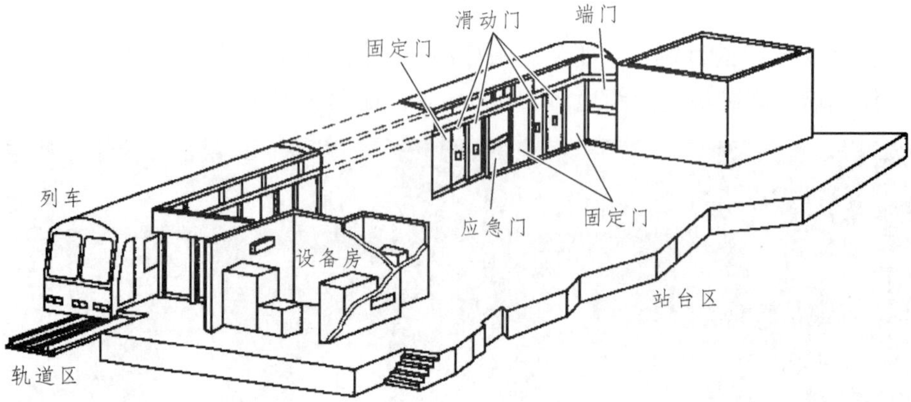

图 5-9　门本体结构

（1）滑动门（ASD）。

滑动门的数量应与列车一侧的客室门数量一致，位置相对应。正常情况下，滑动门的开/关应由门机总承的驱动机构负责操作，由门控单元 DCU（Door Control Unit）负责控制。在紧急情况下应能实现如下功能：在轨行区侧乘客可操作设置在门扇上的把手手动开门，在车站站台侧，车站乘务员可用专门钥匙手动开门，如图 5-10 所示。

图 5-10　滑动门

（2）固定门（FIX）。

固定门设在双扇滑动门之间。根据滑动门的间距，在满足门本体结构强度、刚度的前提下，根据轨行区边墙侧灯箱广告的可视性及视觉观感的要求，可将固定门进行分块或不分块处理，如图 5-11 所示。

图 5-11　固定门

（3）应急门（EED）。

应急门是当列车进站的停车误差超过了设计时所考虑的精度误差，而列车却不能再做位置调整而设置的疏散通道。每节车厢至少对应一扇应急门，在应急情况下使乘客能在轨行区侧手动打开逃生，如图 5-12 所示。

图 5-12　应急门

（4）端门（MSD）。

端门设置在站台端头，主要用于车站工作人员在站台和轨道之间的进出通道，在正常情况下由列车司机或车站站务员手动打开其位置。同时兼顾紧急情况下疏散乘客的要求，端头门有门锁装置，在紧急情况下允许手动打开，即工作人员可在站台侧用“通用”钥匙、乘客在轨道侧推压开门推杆来将门打开，门锁装置和应急门一样，端门如图 5-13 所示。

图 5-13　端门

（二）门机驱动系统

以同步齿形带式传动为例，门机驱动系统主要由门控单元（DCU）、传动装置、驱动装置和锁紧装置等四部分组成，如图 5-14 所示。门机驱动系统在正常和非正常情况下均能开关、锁定滑动门。

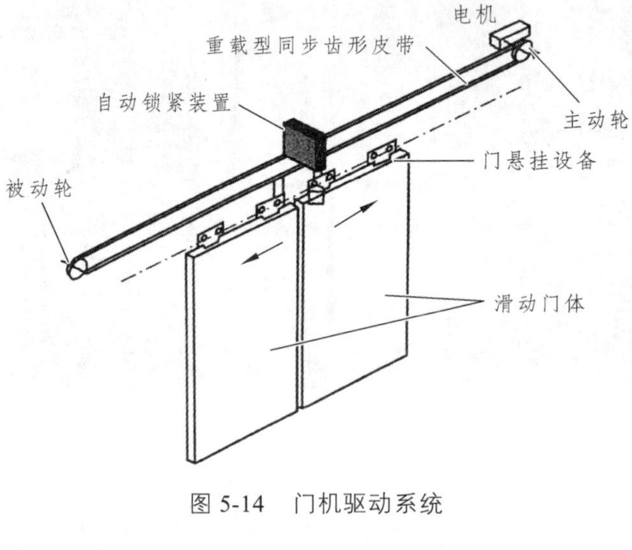

图 5-14　门机驱动系统

1. 门控单元（DCU）

DCU 是门机系统的核心，DCU 内装有一个微处理器，是存储数据、电机速度曲线和软件的存储单元，并具有自诊断功能，DCU 根据电机速度曲线驱动控制电机按照所设定的曲线参数进行工作。

2. 传动装置

以皮带传递为例，屏蔽门系统的直流无刷电机的转轴与减速箱直接连接，电机在关门阶段一般经过加速、速度保持、减速、低速保持、制动 5 个阶段。

3. 驱动装置

每侧站台的 DCU 采用总线与就地控制器 PSL 连接，构成分布式控制网络。在 DCU 得到指令后完成驱动。

4. 锁紧装置

每道滑动门单元均有一套电磁式门锁紧装置（即电磁闸锁），闸锁上装有四个开关，两个是锁闭监测安全开关，这两个安全开关用于证实锁是否已经可靠闭合锁紧，另外两个是应急安全开关，用以证实滑动门是否因滑动门的手动解锁装置动作而打开过。

二、屏蔽门系统的控制系统

（一）屏蔽门系统的控制系统组成

站台屏蔽门系统的控制系统主要由中央接口盘（PSC）、就地控制盘（PSL）、门控单元（DCU）、就地控制盒（LCB）、通信介质及通信接口等设备组成，如图 5-15 所示。

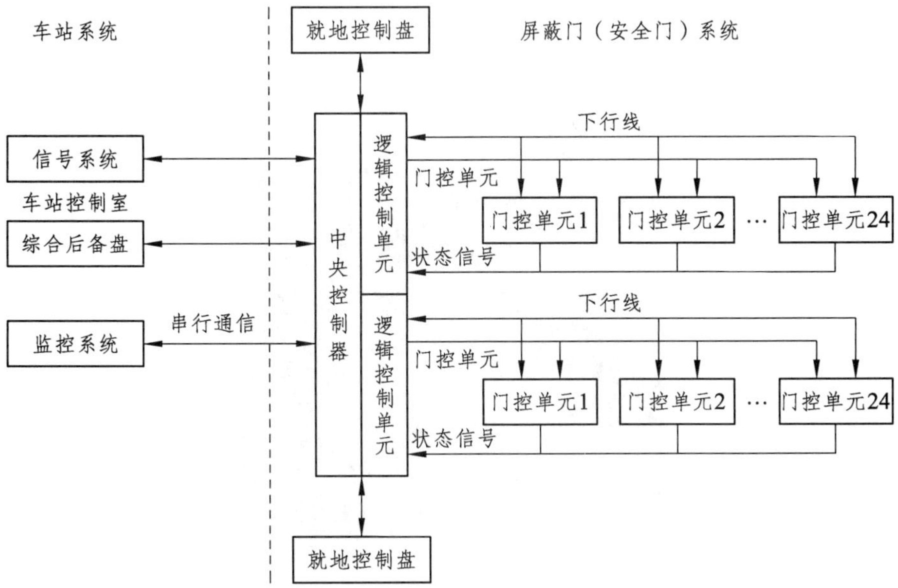

图 5-15　屏蔽门系统的控制系统

1. 中央接口盘（PSC）

中央控制盘可安装在专门的屏蔽门系统的机柜室内，或与屏蔽门系统的动力设备一起，安装在屏蔽门系统的设备室内，包括至少两个单元控制器，分别控制两侧站台的屏蔽门，如图 5-16 所示。

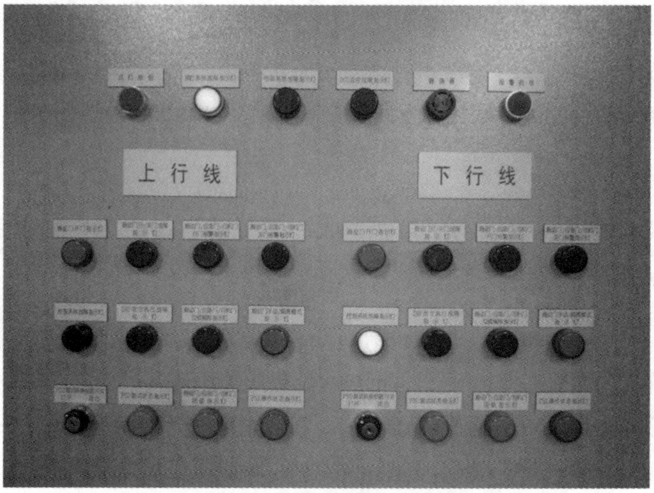

图 5-16　中央接口盘

2. 就地控制盘（PSL）

就地控制盘设置于每侧站台的列车始发端站台上方便列车司机和站台工作人员操作的位置。利用硬线接口与中央控制盘连接，盘面设置有开关门按钮、操作允许开关或按钮、互锁解除开关、开门或关闭锁紧指示灯等器件，如图 5-17 所示。

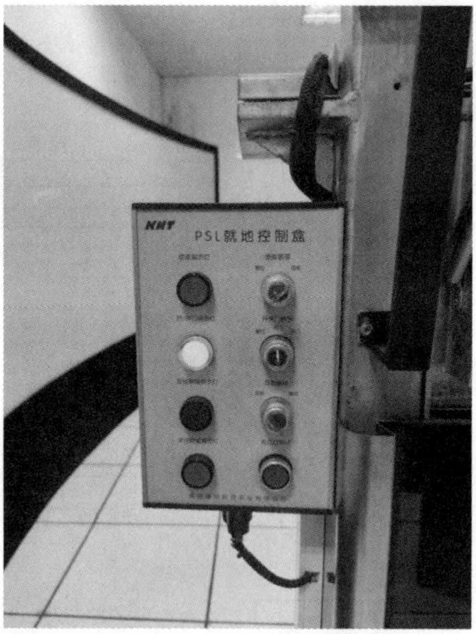

图 5-17　就地控制盘

3. 就地控制盒（LCB）

就地控制盒包括自动/手动/隔离三位开关（或自动/手动开/手动关/隔离四位开关）以及相应的控制按钮。每个门单元设置一套，位于 DCU 附近或 DCU 结合设置。当处于“自动”位时，允许门控单元接收中央控制盘的“开门命令”与“关门命令”，钥匙在该位置时可取出。当处于“隔离”位时，隔断本单元的电力供应，但是系统依然检测到关闭紧锁信号，故需手动关好门，如果不关好门，列车接收不到速度码，发不了车；操作隔离时，应先检查是否有夹人夹物。当处于“手动（开/关）”位时，不执行来自系统的命令，系统屏蔽该门，此操作作为机电部门维修使用，如图 5-18、5-19 所示。

图 5-18　三位开关的就地控制盒

图 5-19　四位开关的就地控制盒

（二）屏蔽门系统的控制方式

屏蔽门系统的控制可分为系统级控制、站台级控制和手动级控制三种控制方式。其中手动控制为最高优先级控制，系统级控制为最低优先级。站台级控制分为就地控制盘控制和就地控制盒控制。此外，屏蔽门系统还设有火灾控制模式，即在相应的火灾模式下，车站值班人员在车站综合控制室操作屏蔽门紧急控制开关，配合打开滑动门，疏散乘客和配合环控系统排烟。火灾控制模式的优先级高于站台级 PSL 控制和系统级控制。

1. 系统级控制

正常情况下，信号系统通过 PSC 控制屏蔽门。列车进站停好后，信号系统在收到司机打开列车车门的指令后，自动向逻辑控制单元发出开门命令，通过门控单元等执行解锁、开门等顺序操作。当列车准备发车时，信号系统在收到司机关闭列车车门指令后，自动向逻辑控制单元发出关门命令，通过门控单元等执行关门、闭锁等顺序操作。

2. 站台级控制

（1）就地控制盘控制。

当系统级控制不能正常运行时，如列车停位不正确、信号系统故障、信号系统与屏蔽门系统通信中断、屏蔽门系统局部发生故障等，司机或站务人员可通过站台端头就地控制盘进行屏蔽门的开门、关门操作，实现屏蔽门的站台级控制。司机应用钥匙插入并打开就地控制盘上的操作允许开关（初始位置为“关”）。

① 开门操作。

列车司机先打开就地控制盘上的钥匙开关，然后操作就地控制盘的开门按钮，发出开门命令，门控单元接收到开门命令后，执行解锁、开门等顺序操作。

② 关门操作。

列车司机操作就地控制盘的关门按钮，发出关门命令，门控单元接收到关门命令后，执行关门、闭锁等顺序操作。

③ 屏蔽门关闭后无法发车。

当所有屏蔽门关闭，但信号系统仍然不能确认而无法发车时，由列车司机先打开就地控制盘上的钥匙开关，然后操作就地控制盘上的 ASD/EED 互锁解除钥匙开关，发出强制发车信号，允许列车离站。

（2）就地控制盒控制。

由就地控制盒实现的单挡门的就地控制主要有以下几个模式。

① 自动模式。

在自动模式下，单挡门运行在正常状态，接受来自信号系统、就地控制盘及综合后备盘的远程控制，其状态由信号系统负责进行监控。

② 开/关门模式。

在开/关门模式下，来自信号系统、就地控制盘及综合后备盘的命令被忽略，单挡门开/关门或保持开/关门状态，其状态不被信号系统监控。

③ 隔离模式。

处于隔离模式时，可以由工作人员用钥匙或手动解锁开门，其状态被信号系统监控。

3. 紧急级控制

火灾控制模式又称综合后备盘控制模式，是在车站紧急情况下（如列车、区间隧道、站台、站厅等处发生火灾等），在车站控制室综合后备盘上打开滑动门，滑动门完全打开后，中央控制盘面板、就地控制盘、综合后备盘上的开门指示灯亮。本命令属于紧急状态下的紧急开门命令，其优先级高于就地控制盘控制和系统级控制。IBP 盘控制操作如图 5-20 所示。

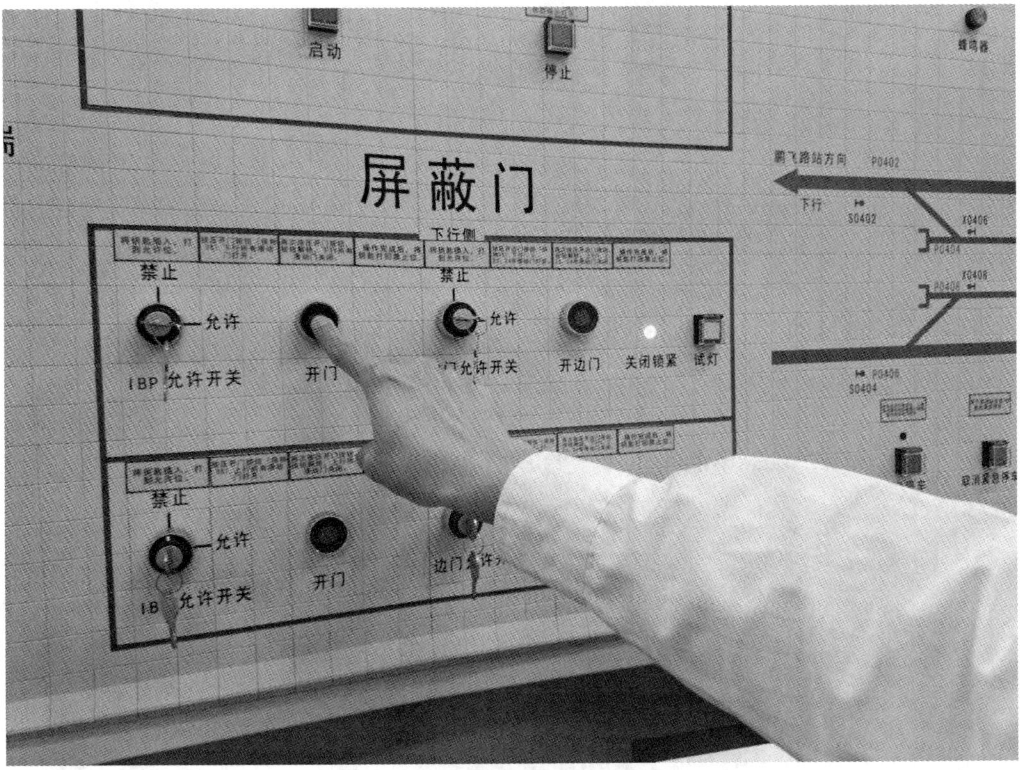

图 5-20　IBP 盘控制操作

4. 手动级控制

在系统级控制和站台级控制均出现故障时，就必须由站台工作人员用钥匙打开滑动门或由乘客使用手动解锁把手自行开启屏蔽门。

（1）滑动门手动操作。

当系统级控制和站台级控制均不能操作屏蔽门，或个别屏蔽门操作机构发生故障而需要进行滑动门手动操作时，在站台侧，由站台工作人员用钥匙打开滑动门，在轨道侧，由列车司机通过车内广播，通知乘客使用滑动门上的手动解锁把手（或按钮）打开屏蔽门。

滑动门手动操作如图 5-21 所示。

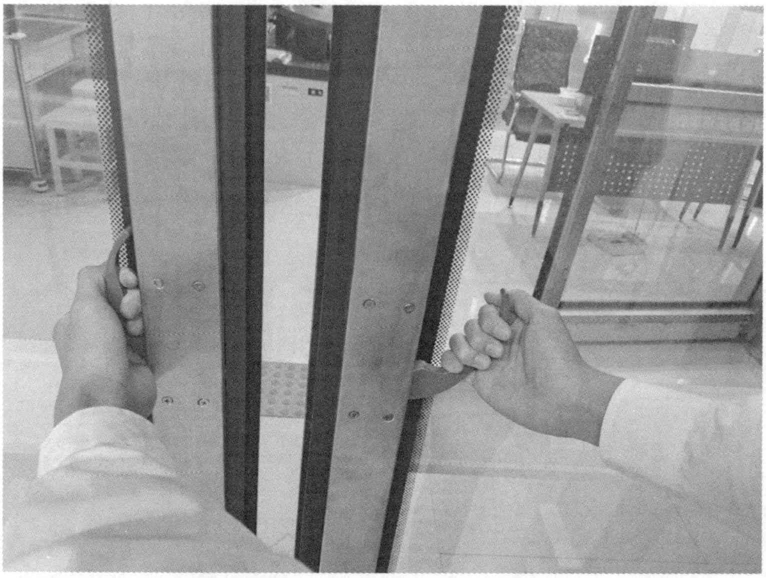

图 5-21　滑动门手动操作

（2）应急门手动操作。

当列车无法在规定范围内停车，且偏移量较大，导致乘客无法从滑动门进出时，需对应急门进行手动操作。由站台工作人员在站台侧用钥匙打开应急门，或由列车司机在轨道侧通过广播指导乘客压推杆锁打开应急门。应急门手动操作如图 5-22 所示。

图 5-22　应急门手动操作

（3）端门操作。

遇到隧道内发生火灾、列车出轨等突发情况，需要在轨道内停车时，可由乘客压推杆锁或由站台工作人员在站台侧用钥匙手动打开端门，通过端门将乘客疏散到站台，如图 5-23 所示。

图 5-23 端门操作

三、屏蔽门系统的电源系统

屏蔽门系统的电源系统主要分为驱动电源和控制电源两部分。屏蔽门系统为一级负荷供电（当线路发生故障停电时，仍保证其连续供电，即双回路供电），两路交流输入经低压配电箱切换后给屏蔽门系统供电。

1. 驱动电源

驱动电源由双电源自动切换箱、驱动电源 UPS1、驱动电源屏及其他相关设备组成。

2. 控制电源

为提高电源质量，控制设备采用 UPS 不间断电源供电。

任务 5.3

站台屏蔽门系统故障应急处理

站台屏蔽门系统作为站台公共区与轨道、列车之间的可控通道，在正常运营情况下，保证了乘客的乘车安全。但在运营过程中，仍不可避免的会出现故障从而影响运营安全。当发现站台屏蔽门系统故障时，可有效地检验车站在这种紧急情况下运营人员、设备、规章的总体协调、应对能力。

一、站台屏蔽门系统故障应急处理原则

当站台屏蔽门系统发生故障时，应遵循以下的应急处理原则。

（1）屏蔽门故障时应遵循“先通车后恢复”的处理原则。

（2）车站需将常闭的故障屏蔽门贴上故障纸。

（3）车站在当次列车出站后，需将屏蔽门故障及时报维修人员。

（4）下一趟列车进站前一分钟禁止维修人员处理屏蔽门故障。

（5）如果常闭的故障屏蔽门无法及时得到修复，车站和司机应做好广播引导工作。

（6）由于屏蔽门故障造成进站列车紧停的情况，打“互锁解除”或列车转换 RM 模式进站。

（7）对于完全打开的滑动门，禁止在门前摆放栏杆或停用牌，以避免栏杆或停用牌被隧道风吸进隧道从而影响行车安全。

（8）当有屏蔽门故障（多对）处于打开状态，要打“互锁解除”时，必须先安排员工在打开的屏蔽门处看守，等看守人员到位后，站务人员才允许打“互锁解除”，若全部屏蔽门不能关闭，每一节车厢至少要有一人看守。

二、站台屏蔽门系统常见故障应急处理

（一）车门与屏蔽门未实现联动时的故障应急处理程序

联动是指屏蔽门控制系统接收信号系统的控制命令，与列车门同步开门或关门。当屏蔽门与车门联动功能故障时，应遵循以下应急处理原则：

（1）列车到站（停车标±300 mm）停稳后，发生屏蔽门与车门联动功能故障，司机必须按照“开门时先开屏蔽门后开车门（若列车停车后，车门已自动打开，司机应迅速通过 PSL 盘打开屏蔽门）；关门时先关屏蔽门后关车门”的顺序，在 PSL 上手动操作屏蔽门打开或关闭，将情况报告行调。

（2）若列车运行到前方站停稳后，仍发生屏蔽门与车门联动功能故障，可视为车辆原因引起的故障，行调通知车站派站务人员添乘该列车，负责进行屏蔽门的开关操作，协助司机瞭望进路，监督客车司机按规定速度运行。

（3）若后续列车到达该站时同样发生屏蔽门与车门联动功能故障，则视为车站原因联动故障，由车站站务人员负责本车站屏蔽门的开关操作，包括在 PSL 上打“屏蔽门互锁解除”开关或将已能确认故障的门单元切换成“手动模式”，保障列车能够以正常模式进出站。

（4）如故障处理过程中需保持屏蔽门常开可能会对乘客造成危险，车站应做好防护。行调可根据站台客流量、站台秩序及车站控制能力要求司机降低列车进出站速度，具体速度由现场人员提出。

1. 单个/多对屏蔽门不能开门故障

“不能开门故障”是指信号系统、PSL、IBP 发出开门命令后，屏蔽门不执行开门动作响应的故障。当某一门单元不执行开门动作响应，该故障被视为“XX 门单元不能开门故障”。车门与屏蔽门未实现联动时，发生单个/多对屏蔽门不能开门故障，应按表 5-1 的程序进行应急处理。

表 5-1　单个/多对屏蔽门不能开门故障应急处理程序

序号	岗位	处理程序
1	站务人员	（1）接到屏蔽门故障通知后，尽快到达故障点。 （2）发现两对及以下屏蔽门不能正常开启应立即通知司机、报告行车值班员：“站台 XX 号屏蔽门不能开启”，并引导乘客从其他开启的屏蔽门下车。确认乘客上下完毕及站台安全后向司机显示“好了”信号。待列车离开站台后，将故障门打至“隔离”状态，张贴“此门故障，暂停使用”告示，加强监控。 （3）发现三对及以上屏蔽门不能开启，报告行车值班员和司机，必要时立即前往故障的屏蔽门单元处采用开门钥匙人工操作开启屏蔽门（操作一道门所需时间约为 10 s），以保证每节车厢对应的屏蔽门必须有两对及以上屏蔽门开启，并引导乘客从其他开启的屏蔽门下车。 （4）确认乘客上下完毕及站台安全后向司机显示“好了”信号。待列车离开站台后，利用 LCB“手动关”关闭故障门单元，若 LCB 失效，则手动推合，并张贴“此门故障，暂停使用”告示，加强监控，防止在没有客车停站时乘客进入开启的屏蔽门而掉下轨行区。 （5）故障屏蔽门维修时负责安全监控，在下趟列车到达前 1 min，通知维修人员停止维修；维修完毕后向行车值班员报告。 （6）故障屏蔽门单元恢复正常后，撤除屏蔽门故障告示

续表

序号	岗位	处理程序
2	司机	（1）发现两对及以下屏蔽门不能正常开启时，马上进行客室广播“本站有屏蔽门故障，请乘客从其他开启的屏蔽门下车”。同时通知车站，报告行调。 （2）发现两对及以上屏蔽门不能正常开启时，使用客室广播通知乘客手动操作打开故障的屏蔽门或利用正常开启的屏蔽门下车。同时通知车站，报告行调。 （3）乘客上下完毕后关屏蔽门、车门，司机凭车站“好了”信号动车。 （4）动车前注意确认车门与屏蔽门之间的空隙安全
3	行车值班员	（1）报告行调：“XX 站 XX 站台 XX 对屏蔽门不能开启”，并通知后方站转告司机。 （2）立即通知站务人员前往协助处理故障屏蔽门。发现三对及以上屏蔽门不能开启时，还要通知值班站长、站台岗等前往协助处理故障屏蔽门，协助站台站务人员做好乘客引导工作。 （3）通知行调，行调通知检修人员处理，如不能处理好，则组织抢修。 （4）维修人员到达现场后，根据车站的客流情况，安排维修人员进行设备维修。 （5）接到设备维修完毕的通知后，向行调汇报，并通知后方站本站屏蔽门恢复正常。 （6）在维修过程中需开关整侧屏蔽门时需报行调，得到行调同意后，维持好站台秩序方可操作
4	行调	通知全线司机“XX 站 XX 站台 XX 对屏蔽门不能开启”，进入该车站加强瞭望，注意安全

2. 单个/多对屏蔽门不能关门故障

“不能关门故障”是指信号系统、PSL、IBP 发出关门命令后，屏蔽门或安全门不执行关门动作响应的故障。当某一门单元不执行关门动作响应，该故障被视为“XX 门单元不能关门故障”。当车门与屏蔽门未实现联动时，发生单个/多对屏蔽门不能关门故障，应按表 5-2 的程序进行应急处理。

表 5-2　单个/多对屏蔽门不能关门故障应急处理程序

序号	岗位	处理程序
1	站务人员	（1）接到屏蔽门故障通知后，尽快到达故障点。 （2）发现两对及以下屏蔽门不能正常关闭，应报告司机和行车值班员，确认是否有阻碍物，如能及时清除则手动关闭屏蔽门。确认乘客上下完毕，所有车门关闭、站台安全后，向司机显示“好了”的信号。 （3）发现三对及以上屏蔽门不能正常关闭，报告司机和行车值班员，广播通知站台乘客离开故障屏蔽门，乘客上下完毕，确认所有车门关闭、站台安全后，向司机显示“好了”信号

续表

序号	岗位	处理程序
1	站务人员	（4）待列车离开站台后，利用 LCB“手动关”关闭故障门单元，若 LCB 失效，则手动推合，并张贴“此门故障，暂停使用”的告示，加强站台监控，防止在没有客车停站时乘客进入开启的屏蔽门而掉下轨行区。 （5）故障屏蔽门维修时负责安全监控，在下趟列车到达前 1 min，通知维修人员停止维修。维修完毕后向行车值班员报告。 （6）故障屏蔽门单元恢复正常后，撤除屏蔽门故障告示
2	司机	（1）发现单个或多对屏蔽门不能关闭时，立即通知车站派员前往协助，并报告行调。 （2）与站台站务人员加强联系，确认乘客上下完毕后关屏蔽门、车门，确认站台站务人员的“好了”信号，动车，列车出站后报行调。 （3）动车前注意确认车门与屏蔽门之间的空隙安全
3	行车值班员	（1）立即通知站务人员前往协助处理故障屏蔽门，加强对站台的监控及广播引导乘客候车。 （2）报告行调：“XX 站 XX 站台 XX 对屏蔽门不能关闭”，并通知后方站转告司机。 （3）通知行调，行调通知检修人员处理，如不能处理好，则组织抢修。 （4）维修人员到达现场后，根据车站的客流情况，安排维修人员进行抢修，并通知站台岗。 （5）接到维修完毕的通知后，向行调汇报，并通知后方站本站屏蔽门恢复正常。 （6）在维修过程中需开关整侧屏蔽门时需报行调，得到行调同意后，维持好站台秩序后方可操作
4	行调	通知全线司机“XX 站 XX 站台 XX 对屏蔽门不能关闭”，进入该车站应加强瞭望，注意安全

3. 整侧屏蔽门不能开门故障

整侧对屏蔽门不能开门故障处理程序如表 5-3 所示。

表 5-3　整侧对屏蔽门不能开门故障处理程序

序号	岗位	处理程序
1	站务人员	（1）接到屏蔽门故障的通知后，尽快到达故障点。 （2）发现或接到所有屏蔽门故障的通知，立即通知车控室。接到车控室“手动开启屏蔽门”的指令后，立即在站台侧手动开启屏蔽门（操作一道门所需时间约为 10 s）

续表

序号	岗位	处理程序
1	站务人员	（3）在站台侧将屏蔽门 LCB 切换至“手动开”模式，若操作 LCB 无效，则手动解锁，利用钥匙人工开启屏蔽门，保证每节车厢对应的屏蔽门有两对或两对以上常开，并做好站台安全监控，并引导乘客上下列车。 （4）确认乘客上下完毕、所有车门关闭、站台安全后向司机显示“好了”信号。 （5）待列车离开站台后，利用 LCB“手动关”关闭故障门单元，若 LCB 失效，则手动推合，并张贴“此门故障，暂停使用”告示，加强监控，防止在没有客车停站时乘客进入开启的屏蔽门而掉下轨行区。 （6）故障屏蔽门维修时负责安全防护，在下趟列车到达前 1 min，通知维修人员停止维修；维修完毕后向行车值班员报告。 （7）故障屏蔽门单元恢复正常后，撤除屏蔽门故障告示
2	司机	（1）发现所有屏蔽门不能开启，立即通知车站“XX 方向站台所有屏蔽门不能开启”，要求协助处理，并报行调。 （2）广播通知乘客：“因屏蔽门故障，请需要下车的乘客按屏蔽门上的指示操作开门把手，自行推开屏蔽门下车”，报告行调。 （3）乘客上下完毕，司机凭车站“好了”信号动车。 （4）动车前注意确认车门与屏蔽门之间的空隙安全
3	行车值班员	（1）接到司机故障通知后，报告行调：“XX 站 XX 站台所有屏蔽门不能开启”，加强对站台的监控及广播引导乘客候车。 （2）若屏蔽门仍不能开启，则通知值班站长、厅巡、客运值班员前往站台协助处理故障屏蔽门，加强对站台的监控及广播引导乘客候车。 （3）通知行调，再由行调通知检修人员进行处理，如不能处理好，则组织开展抢修工作。 （4）维修人员到达现场后，根据车站的客流情况，安排维修人员进行维修，并通知站台岗。 （5）接到站台岗维修完毕的通知后，向行调汇报。 （6）在维修过程中需开关整侧屏蔽门时需报行调，得到行调同意后，维持好站台秩序后方可操作
4	行调	通知全线司机“XX 站 XX 站台所有屏蔽门不能开启”，进入该车站时要加强瞭望，注意安全

4. 整侧屏蔽门不能关门故障

表 5-4　整侧对屏蔽门不能关门故障处理程序

序号	涉及岗位	处理程序
1	站务人员	（1）接到屏蔽门故障通知后，尽快到达故障点。 （2）列车客室门关闭时，广播通知站台乘客离开屏蔽门，防止乘客抢上抢下；客室门关闭，确认站台安全后，向司机显示“好了”信号，并密切注意站台乘客的动态，确保乘客安全。 （3）客车离开站台后，加强对站台的监控，防止在没有客车停站时乘客进入开启的屏蔽门而掉下轨行区。严禁乘客越出黄色安全线。 （4）报告行车值班员。 （5）故障屏蔽门维修时负责安全监控，在下趟列车到达前 1 min，通知维修人员停止维修。维修完毕后向行车值班员报告
2	司机	（1）发现所有屏蔽门不能关闭，立即通知车站“XX 站台所有屏蔽门不能关闭”要求协助处理，并报告行调。 （2）发车时，司机报告行调并得到同意后凭车站“好了”信号动车。 （3）动车前注意确认车门与屏蔽门之间的空隙安全
3	行车值班员	（1）接到司机故障通知后，报告行调：“XX 站 XX 站台所有屏蔽门不能关闭”。 （2）通知值班站长、厅巡、客运值班员前往站台协助处理故障屏蔽门，加强对站台的监控及广播引导乘客候车。 （3）通知行调，行调通知检修人员处理。如不能处理好，则组织抢修。 （4）当维修人员到达现场后，根据车站的客流情况安排维修人员进行维修，并通知站台站务人员进行安全监护。 （5）故障期间，安排人员加强对站台的控制。 （6）接到站台岗维修完毕的通知后，向行调汇报
4	行调	（1）通知司机注意掌握好关门动车时机。 （2）通知全线司机“XX 站 XX 站台所有屏蔽门不能关闭”，进入该车站加强瞭望，注意安全

（二）车门与屏蔽门实现联动时的故障应急处理

1. 单个/多对屏蔽门不能开门故障

单个/多对屏蔽门不能开门故障处理程序如表 5-5 所示。

表 5-5　单个/多对屏蔽门不能开门故障处理程序

序号	岗位	处理程序
1	车站人员	（1）发现故障或接到故障的通知后，立即安排人员前往协助处理故障屏蔽门，并做好乘客引导工作。 （2）报告行调："XX 站 XX 站台 XX 对屏蔽门不能开启"，并通知后方站转告司机。 （3）报告行调安排检修人员进行故障处理。 （4）发现两对及以下屏蔽门不能正常开启，报告司机，并引导乘客从其他开启的屏蔽门下车，同时将该故障门单元 LCB 打到手动关位。确认乘客上下完毕及站台安全后向司机显示"好了"信号。待列车离开站台后，在故障门单元（保持关闭状态）上张贴"此门故障，暂停使用"告示，加强监控，防止在没有客车停站时乘客进入开启的屏蔽门而掉下轨行区。 （5）发现三对及以上屏蔽门不能开启，报告司机，立即前往故障的屏蔽门单元处利用 LCB"手动开"档打开故障门，若 LCB 操作失效，则手动解锁开启屏蔽门（操作一道门所需时间约为 10 s），如为相邻的屏蔽门则至少开启一对，并根据站台客流情况，保证每节车厢对应的屏蔽门必须有两对及以上屏蔽门在开启状态。 （6）动车前，确认乘客上下完毕、站台安全后，车站人员将开启的屏蔽门用 LCB"手动关"档关闭，若 LCB 失效则手动推合滑动门，向司机显示"好了"信号，司机确认 PSL 操作盘上关闭锁紧绿灯亮起可确定动车。 （7）列车离开站台后，在已关闭的故障门单元上张贴"此门故障，暂停使用"告示，加强监控。 （8）维修人员到达现场后，根据车站的客流情况，安排维修人员进行维修。维修时负责安全监控，在下趟列车到达前 1 min，通知维修人员停止维修。 （9）故障屏蔽门单元恢复正常后，撤除屏蔽门故障告示。 （10）抢修完毕，取消故障侧线路的"维修模式"，同时向行调汇报，并通知后方站本站屏蔽门恢复正常
2	司机	（1）发现两对及以下屏蔽门不能正常开启时，马上进行客室广播："本站有屏蔽门故障，请乘客从其他开启的屏蔽门下车"。同时通知车站人员，报告行调。 （2）发现三对及以上屏蔽门不能开启时，使用客室广播通知乘客手动操作打开故障的屏蔽门或利用正常开启的屏蔽门下车。同时通知车站人员，报告行调。 （3）乘客上下完毕，司机凭车站"好了"信号以正常模式动车。 （4）动车前注意确认车门与屏蔽门之间的空隙安全。 （5）如有要求，后续列车限速进出车站
3	行调	通知全线司机"XX 站 XX 站台 XX 对屏蔽门不能开启"，进入该车站加强瞭望，注意安全

2. 单个/多对屏蔽门不能关门故障

单个/多对屏蔽门不能关门故障处理程序如表 5-6 所示。

表 5-6 单个/多对屏蔽门不能关门故障处理程序

序号	岗位	处理程序
1	车站人员	（1）发现故障或接到故障的通知后，立即安排人员前往协助处理故障屏蔽门，并做好乘客引导工作。 （2）报告行调："XX 站 XX 站台 XX 对屏蔽门不能关闭"，并通知后方站转告司机。 （3）报告行调安排检修人员进行故障处理。 （4）发现两对及以下屏蔽门不能正常关闭，报告司机，确认是否有阻碍物，如有则清除后手动推合屏蔽门。如屏蔽门还不能正常关闭则立即将故障门单元 LCB 切换至"手动关"，若 LCB 操作失效，则手动推合滑动门，确认乘客上下完毕，确认所有车门关闭、站台安全后，向司机显示"好了"信号。 （5）发现三对及以上屏蔽门不能正常关闭，若故障门未能及时恢复，车站切换本侧线路至"互锁解除模式"，通知司机动车。动车前，站务人员确认乘客上下完毕、站台安全后，采用手动方式关闭故障门单元。向司机显示"好了"信号。后续列车以正常模式进出车站（需要限速进出站的列车以行调命令为准）。 （6）在关闭的故障门单元张贴"此门故障，暂停使用"告示，加强对站台的监控。 （7）维修人员到达现场后，根据车站的客流情况，安排维修人员进行维修。维修时负责安全监控，在下趟列车到达前 1 min，通知维修人员停止维修。 （8）故障屏蔽门单元恢复正常后，撤除屏蔽门故障告示。 （9）抢修完毕，向行调、值班主任助理汇报，并通知后方站本站屏蔽门恢复正常
2	司机	（1）发现单个或多对屏蔽门不能关闭时，立即通知车站派员前往协助，并报告行调。 （2）司机凭车站"好了"信号以正常模式驾驶列车出站。 （3）动车前注意确认车门与屏蔽门之间的空隙安全。 （4）如有要求，后续列车限速进出车站
3	行调	通知全线司机"XX 站 XX 站台 XX 对屏蔽门不能关闭"，进入该车站加强瞭望，注意安全

3. 整侧屏蔽门不能开门故障

整侧屏蔽门不能开门故障处理程序如表 5-7 所示。

表 5-7　整侧屏蔽门不能开门故障处理程序

序号	岗位	处理程序
1	车站人员	（1）接到司机要求办理“维修模式”的通知后，办理故障侧线路的“维修模式”，并通知司机。 （2）如接到司机在 PSL 操作开门失败的通知后，报告行调：“XX 站 XX 站台所有屏蔽门不能 PSL 操作开启”，经行调同意在 IBP 盘上操作开启该侧屏蔽门。 （3）若屏蔽门仍不能开启，则立即派人前往站台协助处理故障屏蔽门，加强对站台的监控及广播引导乘客候车。 （4）通知行调，再由行调通知检修人员进行处理，如不能处理好，则组织开展抢修工作。 （5）在站台侧利用 LCB“手动开”档开启屏蔽门（操作一道门所需时间约为 10 s），保证每节车厢对应的屏蔽门有两对或两对以上常开（确保没有相邻的屏蔽门关闭），并做好站台安全防护。 （6）若故障门未能及时恢复或将对应 LCB 打至手动关位，且将导致发车晚点，第一趟车发车时，车站人员确认乘客上下完毕、站台安全后，可直接向司机显示“好了”信号，再到前端操作“互锁解除开关”，以便司机发车。保持至列车尾部出清站台联动区域。后续列车则由车站人员在 PSL 上将“互锁解除开关”打到旁路位以便接发列车。广播通知乘客离开故障的屏蔽门。动车前，确认乘客上下完毕、站台安全后，向司机显示“好了”信号。如有需要，可要求后续列车限速进出车站，需要限速进出站的列车应以行调命令为准。 （7）待列车离开站台后，利用 LCB“手动关”关闭故障门单元，若 LCB 失效，则手动推合，并在关闭的屏蔽门上张贴“此门故障，暂停使用”告示，加强站台监控。 （8）维修人员到达现场后，根据车站的客流情况，安排维修人员进行维修。维修时负责安全监控，在下趟列车到达前 1 min，通知维修人员停止抢修。 （9）故障屏蔽门单元恢复正常后，撤除屏蔽门故障告示。 （10）维修完毕，同时向行调、值班主任助理汇报，并通知后方站本站屏蔽门恢复正常
2	司机	（1）发现所有屏蔽门不能开门时，10 s 钟内尝试完成操作 PSL 开门，若仍不能开门则立即通知车站派员前往协助处理。 （2）广播通知乘客：“因屏蔽门故障，请需要下车的乘客按屏蔽门上的指示操作开门把手，自行推开屏蔽门下车”。 （3）乘客上下完毕，司机凭车站"好了"信号并获行调同意后，驾驶列车出站（如有要求，后续列车限速进出车站）。 （4）动车前注意确认车门与屏蔽门之间的空隙安全。 （5）如有要求，后续列车限速进出车站
3	行调	通知全线司机“XX 站 XX 站台所有屏蔽门不能开启”，进入该车站加强瞭望，注意安全

4. 整侧屏蔽门不能关门故障

整侧屏蔽门不能关门故障处理程序如表 5-8 所示。

表 5-8　整侧屏蔽门不能关门故障处理程序

序号	岗位	处理程序
1	车站人员	（1）接到屏蔽门故障通知后，尽快到达端门 PSL 操作盘处进行“互锁解除”操作，以便司机以正常模式出站。加强对站台的监控及广播引导乘客候车。 （2）立即派人前往站台协助处理故障屏蔽门，加强对站台的监控及广播引导乘客候车。 （3）报告行调：“XX 站 XX 站台所有屏蔽门不能关闭”。 （4）通知行调，行调通知检修人员处理，如不能处理好，则组织抢修。 （5）列车客室门关闭时，广播通知站台乘客离开屏蔽门，防止乘客抢上抢下。客室门关闭，确认站台安全后，向司机显示“好了”信号，并密切注意站台乘客的动态，确保乘客安全。 （6）客车离开站台后，加强对站台的监控，防止在没有客车停站时乘客进入开启的屏蔽门而掉下轨行区。 （7）若故障门未能及时修复，将影响发车，第一趟车发车时，如来不及操作互锁开关，车站人员确认乘客上下完毕、站台安全后，可直接向司机显示“好了”信号。后续列车则由车站人员在 PSL 上将“互锁解除开关”打到旁路位以便接发列车。广播通知乘客离开故障的屏蔽门，动车前，确认乘客上下完毕、 站台安全后，向司机显示“好了”信号。如有需要，可要求后续列车限速进出车站，需要限速进出站的列车以行调命令为准。 （8）维修人员到达现场后，根据车站的客流情况，安排维修人员进行维修。 （9）故障屏蔽门抢修时负责安全监控，在下趟列车到达前 1 min，通知维修人员停止维修。 （10）维修完毕后，向行调、信息调度汇报，并通知后方站本站屏蔽门恢复正常
2	司机	（1）发现所有屏蔽门不能关闭，10 s 内尝试完成操作 PSL 关门，若仍不能关门，则立即通知车站派员前往协助处理，报告行调。 （2）乘客上下完毕，在收到速度码后，司机凭车站"好了"信号并获行调同意后，驾驶列车出站（如有要求，后续列车限速进出车站）。 （3）动车前注意确认车门与屏蔽门之间的空隙安全。 （4）如有要求，后续列车限速进出车站
3	行调	（1）通知司机注意掌握好关门动车时机。 （2）通知全线司机“XX 站 XX 站台所有屏蔽门不能关闭”，进入该车站加强瞭望，注意安全

5. 列车未收到屏蔽门“关闭且锁紧信号”故障

“关闭且锁紧信号”是指屏蔽门关闭后，由屏蔽门控制系统形成的确认滑动门、应急门处于关闭且锁紧状态的信号。当列车未收到屏蔽门“关闭且锁紧信号”时，需要根据列车进出站过程中不同阶段产生的故障现象综合判断后，方可执行不同的故障应急处理程序。列车未收到屏蔽门“关闭且锁紧信号”故障处理程序如表 5-9 所示。

表 5-9　列车未收到屏蔽门“关闭且锁紧信号”故障处理程序

序号	故障现象	处理程序
1	屏蔽门关闭后，列车发车时未收到屏蔽门“关闭且锁紧信号”	（1）当列车在车站关好屏蔽门、车门后，列车发车时未收到屏蔽门“关闭且锁紧信号”，司机确认车辆状态正常后立即报告行调，车站人员确认站台安全后，操作互锁解除开关，列车以正常模式动车，保持至列车尾部出清站台联动区域，车站人员才能松开互锁解除开关；如车站人员来不及操作互锁解除开关，司机报行调同意与车站确认屏蔽门与车门间隙安全和站台安全后，将驾驶模式转换为 RM 模式动车。 （2）若故障不能及时排除影响后续列车，则由车站人员按第 3 点操作 PSL 接发后续列车，并负责站台安全防护。 （3）用专用钥匙将 PSL 上“互锁解除”开关打至“互锁解除”位并保持至列车尾部出清站台联动区域。 （4）由车控室报告 OCC。维修完毕后，向行调、信息调度汇报，并通知后方站本站屏蔽门恢复正常
2	列车进站时未收到屏蔽门“关闭且锁紧信号”，发生紧急制动	（1）司机报告行调，并与车站确认运行前方的站台区轨道空闲和站台安全后，以 RM 模式进站对标停车。 （2）车站确认故障后立即派人到故障站台进行故障应急处理，并引导乘客上下车。 （3）若故障不能及时排除影响发车或影响后续列车，确认站台安全后，车站办理故障侧线路的“互锁解除”，司机与车站确认屏蔽门与车门间隙安全和站台安全后以 ATO 模式进出车站。 （4）由车控室报告 OCC
3	列车出站过程中突然收不到屏蔽门“关闭且锁紧信号”，发生紧急制动	（1）司机立即报车站、行调，要求车站确认站台安全。 （2）车站人员尽快到故障站台确认所有的屏蔽门是否处于关闭状态，并将打开的屏蔽门关闭。 （3）若有多个屏蔽门打开而来不及关闭，车站人员确认站台安全后，办理故障侧线路“互锁解除模式”。 （4）车站人员确认站台安全后显示“好了”信号指示司机动车，如列车头部离开站台较远，司机无法确认车站“好了”信号时，用对讲机通知司机动车。 （5）司机确认“好了”信号或车站允许开车的通知，并经行调同意后，以 RM 模式动车。 （6）若故障不能及时排除影响后续列车时，车站保持本侧线路的“互锁解除模式”，司机与车站确认屏蔽门与车门间隙安全和站台安全后以 ATO 模式进出车站。 （7）由车控室报告 OCC

（三）门玻璃破裂或破碎故障

门玻璃破裂或破碎故障处理程序如表 5-10 所示。

表 5-10　门玻璃破裂或破碎故障处理程序

序号	故障现象	处理程序
1	列车准备进站时发现门玻璃破裂或破碎	（1）站务人员按压站台紧急停车按钮，并报告行调。 （2）站务人员应立即在破裂玻璃表面粘贴透明胶纸，防止门体进一步爆裂。站务人员应立即打开离故障门体最近的滑动门并将 LCB 保持“手动开”档，将故障门打至“隔离”状态，同时指派站务人员在故障站台站岗监护，以防止乘客或物品掉入轨道。同时安排人员在 PSL 上操作“互锁解除”维持列车以正常模式进出车站。待维修人员到场处理并通知后，方可取消操作“互锁解除”。 （3）列车准备出站时站岗人员应确认站台安全后显示“好了”信号指示司机动车
2	在非运营时间发现门玻璃破裂或破碎	应组织维修人员将破裂的玻璃从门框上敲落，并做好玻璃碎片的清理，同时将情况上报行调
3	发现门玻璃已破碎并下掉	（1）站务人员应在 10 min 内将破碎玻璃清理完毕，防止玻璃碎片掉入轨行区。如果碎玻璃掉进轨道，影响列车运行，需及时提报行调，并及时进行清理。 （2）站务人员尽快贴上警示标志，在故障门前设置好围栏，恢复正常运营（行调留意屏蔽门的破损情况，必要时要求司机降低列车进出站速度，速度建议降为 10 km/h）。 （3）车站站务人员应保护好现场，协助维修部门进行维修和事后查看录像。 （4）故障屏蔽门修复后，在不影响列车正常进出站的前提下，由维修人员对故障门单元作一次开关门试验。局部故障恢复后注意观察、检查整体功能情况

（四）屏蔽门夹人夹物事件应急处理

屏蔽门夹人夹物事件应急处理程序如表 5-11 所示。

表 5-11　屏蔽门夹人夹物事件应急处理程序

序号	故障现象	处理程序
1	在站台侧出现乘客衣物被滑动门夹住无法取出的情况	（1）在列车未启动的情况下，可由站务人员向行调申请，获得批准后用 LCB“手动开”档打开该滑动门协助乘客取出衣物。 （2）在列车已启动离开车站且没有列车进站的情况下，可由站务人员向行调申请，获得批准后用 LCB“手动开”档打开该滑动门协助乘客取出衣物

续表

序号	故障现象	处理程序
2	司机在动车前进行瞭望发现屏蔽门与车门之间夹人或夹物	（1）应立即通知车站人员到对应门单元进行检查。 （2）若为夹物，且物件从站台侧伸出，可由站务人员向行调申请，获得批准后用 LCB“手动开”档打开该滑动门协助乘客取出衣物。若物件从列车门伸出，站务人员应向行调报告，由司机重新开关车门。 （3）若出现乘客被夹在屏蔽门与车门之间的情况时，站务应立即拍站台紧停按钮并向行调报告乘客的情况后，对被困乘客进行安抚，在乘客情绪稳定且获得行调批准后，手动解锁缓慢地打开该滑动门单元，并协助乘客回到站台区。重新关闭该滑动门后，松开站台紧停按钮。 （4）事件处理完毕后，站务人员在确认打开的门体已关闭，站台安全后，可向司机显示“好了”信号指示动车

思考与练习

（一）单选题

1. 以下部分不属于屏蔽门系统的机械结构的是（　　）。

A. 门本体结构　　B. 门机系统

C. 中央接口盘　　D. 门控单元

2. （　　）是当列车进站的停车误差超过了设计时所考虑的精度误差，而列车却不能再做位置调整而设置的疏散通道。

A. 滑动门　　B. 固定门　　C. 应急门　　D. 端门

3. （　　）设置在站台端头，主要用于车站工作人员在站台和轨道之间的进出通道，紧急情况下用于疏散乘客。

A. 滑动门　　B. 固定门　　C. 应急门　　D. 端门

4. 中央接口盘的英文简称为（　　）。

A. PSC　　B. PSL　　C. DCU　　D. LCB

5. 就地控制盘的英文简称为（　　）。

A. PSC　　B. PSL　　C. DCU　　D. LCB

6. 就地控制盒的英文简称为（　　）。

A. PSC　　B. PSL　　C. DCU　　D. LCB

7. （　　）设置于每侧站台的列车始发端站台上方便列车司机和站台工作人员操作的位置。

A. PSC　　B. PSL　　C. DCU　　D. LCB

8. 就地控制盒当处于（　　）位时，允许门控单元接收中央控制盘的“开门命令”与“关门命令”，钥匙在该位置时可取出。

A. 自动　　B. 手动开　　C. 手动关　　D. 隔离

9. 就地控制盒当处于（　　）位时，隔断本单元的电力供应，但是系统依然检测关闭紧锁信号，故需手动关好门。

A. 自动　　B. 手动开　　C. 手动关　　D. 隔离

（二）多选题

1. 屏蔽门主要作用为（　　）。

A. 增加安全性　　B. 节约能耗

C. 加强环境保护　　D. 提高城市形象

2. 按照结构和功能，门本体一般可分为（　　）。

A. 滑动门　　B. 固定门　　C. 应急门　　D. 端门

3. 当就地控制盒处于（　　）位时，不执行来自系统的命令，系统屏蔽该门，此操作作为机电部门维修使用。

A. 自动　　B. 手动开

C. 手动关　　D. 隔离

4. 屏蔽门系统的控制可分为（　　）控制方式。

A. 系统级控制　　B. 站台级控制

C. 手动级控制　　D. 就地级控制

5. 在屏蔽门的控制方式中，（　　）为最低优先级控制，（　　）为最高优先级控制。

A. 系统级控制　　B. 站台级控制

C. 手动级控制　　D. 就地级控制

6. 屏蔽门系统还设有火灾控制模式，火灾控制模式的优先级高于站台级（　　）和（　　）。

A. 系统级控制　　B. PSL 控制

C. 手动级控制　　D. LCB 控制

（三）填空题

1. 按屏蔽门系统应用场合的密封形式分类，可将屏蔽门分为__________和________。

2. 门体结构主要由_________、_________、立柱、_________、踢脚板、门槛等部分组成。

3. 门状态指示灯点亮时，表示屏蔽门处于_______状态；熄灭时，表示处于_______状态；闪烁时，表示处于_______状态。

4. 门机驱动系统主要由____________、____________、____________和锁紧装置等四部分组成。

5. 站台屏蔽门系统的控制系统主要主要由____________、____________、门控单元（DCU）、____________、通信介质及通信接口等设备组成。

（四）判断题

1. 屏蔽门应设置在车站站台边的有效站台长度范围以外，以有效站台中心线为基准向两端对称布置。（　　）

2. 顶箱的作用是对内部部件进行密封保护，并采用防电磁干扰措施。（　　）

3. 门状态指示灯用于判断滑动门的状态情况。（　　）

4. 踢脚板采用不锈钢材料，主要是用来提高安全门的强度，防止乘客有意或无意踢脏或踢碎门体玻璃。（　　）

5. 门槛采用不锈钢材料，表面上用一种凸凹结构作防滑处理，以避免乘客摔倒和触电。（　　）

6. 信号系统通过 PSC 控制屏蔽门是屏蔽门的系统级控制方式。（　　）

（五）名词解释

1. 站台屏蔽门系统：___________________。

2. 应急门：___________________。

3. 联动：___________________。

4. 不能开门故障：____________________。

5. 不能关门故障：____________________。

6. 关闭且锁紧信号：____________________。

（六）简答题

简述站台屏蔽门控制系统的控制方式有哪些，并简述在什么情况下会执行这些控制方式。

项目 6
城市轨道交通综合监控系统

【项目导学】

城市轨道交通运营涉及大量机电设备和复杂的子系统，而轨道交通的安全运行除了提供必要的、安全可靠的机车、电力、机电等设备外，还要建立对这些设备进行监视和控制的计算机监控系统，使之运行在可控制的范围内，从而保证轨道交通运行的安全、高效，这是十分必要和具有现实意义的，因此城市轨道交通综合监控系统就是在上述的需求下应运而生并逐步得到发展了。

【知识目标】

1. 了解综合监控系统的构成及车站级功能。
2. 掌握集成子系统和互联子系统的含义。
3. 掌握 BAS 系统的控制方式。
4. 掌握 BAS 系统的运行管理。
5. 掌握 FAS 系统的组成及各部件在系统的作用。
6. 掌握火灾报警模式。
7. 了解 IBP 盘的组成及功能。
8. 掌握 IBP 盘的操作。

【技能目标】

1. 能利用 ISCS 系统操作界面对各监控子系统进行系统级控制。
2. 能在火灾发生时，启动 BAS 系统相应区域的火灾模式。
3. 能根据不同的紧急状况操作 IBP 盘。

【素质目标】

1. 树立学生团结协作的精神，提升学生团结协作的能力。
2. 增强学生安全生产意识和安全管理意识。
3. 提升学生突发事件应急处置能力。

【建议学时】

16 学时。

任务 6.1

车站综合监控系统认知

一、城市轨道交通综合监控系统的定义

《地铁设计规范》（GB 50157—2013）将城市轨道交通综合监控系统（Intergrated Supervision Control System，ISCS）定义为：基于大型的监控软件平台，通过专用的接口设备与若干子系统接口，采集各子系统的数据，实现在同一监控工作站上监控多个专业，调度、协调和联动多系统的集成系统。综合监控系统包括内部的集成子系统，并与其他专业自动化系统互联，实现信息共享，促进城市轨道交通的高效率运营。

集成子系统是指完成集成在综合监控系统内的专业自动化子系统，其全部系统功能由综合监控系统实现，是综合监控系统的一部分，如电力监控系统（PSCADA）、环境与设备监控系统（BAS）、火灾报警系统（FAS）等。

互联子系统是指具有自身完整的系统结构，并保持系统独立运行，与综合监控系统通过外部接口进行信息交互，实现信息互通、共享和联动控制功能的自动化系统，如自动售检票监控系统（AFC）、闭路电视监控系统（CCTV）、列车自动控制系统（ATC）等。

综合监控系统一般以电力监控、火灾自动报警系统、环境与设备监控为核心进行集成，通过与屏蔽门、广播、闭路电视等系统进行界面集成，在显示其系统信息的同时，具备对其底层设备的控制功能；另外，还与列车自动监控系统、时钟系统、乘客信息系统等系统进行互联，只接收相关信息，在必要的情况下，由人机界面推出窗口进行显示，只监不控。

二、城市轨道交通综合监控系统的构成

典型的综合监控系统由位于 OCC 的中央级综合监控系统（CISCS）、位于各车站的车站综合监控系统（SISCS）、位于车辆段的车辆段综合监控系统（DISCS，同属于站级综合监控系统）以及连接这几部分的综合监控骨干网构成。综合监控系统采用主备、冗余、分层、分布式 C/S 结构，实现两级管理（中央级综合监控系统、车站级综合监控系统）、三级控制（中央级、车站级及就地级），是一个热备、冗余、开放、可靠、易扩展的计算

机系统。

BAS 系统构成图如图 6-1 所示。

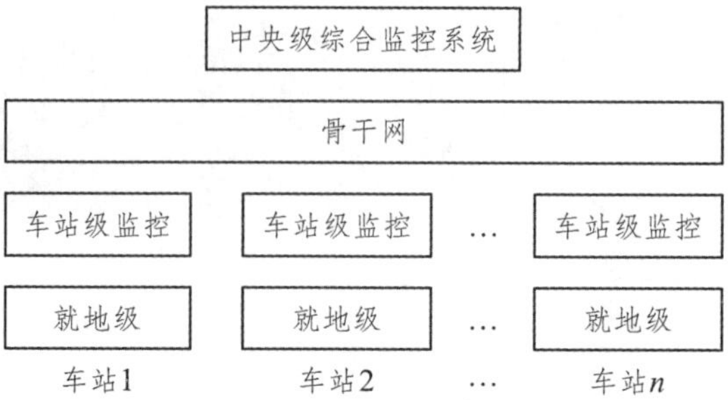

图 6-1　BAS 系统构成图

（一）硬件构成

综合监控系统从硬件设备配置上分为以下三层。

1. 中央级综合监控系统（CISCS）

中央综合监控系统由中央监控网络、运营控制中心（OCC）冗余实时服务器、冗余历史服务器、磁盘阵列、磁带记录装置、各类操作员工作站（总调工作站、电调工作站、环调工作站、维调工作站）、冗余的互联系统的网关装置（FEP 前端处理器或通信控制器）、不间断电源、打印机、网络管理系统（NMS）、大屏幕系统（OPS）等组成，如图 6-2 所示。用于监视全线各车站（包括车辆段）的各个子系统的运行状态，完成中央级的操作控制功能。地铁综合监控系统在中央监控中心设立中央级监控网络管理工作站。中央级监控网络的核心是冗余配置的以太网交换机。

图 6-2　中央级综合监控系统

2. 车站级综合监控系统（SISCS）

车站级监控系统与车辆段监控系统分别位于车站、车辆段。车站综合监控系统由车站监控网络、车站服务器、车站（或车辆段）操作员工作站、前端处理器、双屏值班站长操作站、双屏值班员操作站、车站互联系统的网关装置（FEP）、打印机、综合后备盘（IBP）等组成如图 6-3 所示。用于监视车站各子系统的运行状态，实现车站级的操作控制功能。

图 6-3　车站级综合监控系统

3. 现场级控制设备

现场级控制设备主要包括：电力监控系统（SCADA）、环境与设备监控系统（BAS）、火灾自动报警系统（FAS）、屏蔽门（PSD）等系统的集成，实现了信号系统（SIG）、自动售检票系统（AFC）、广播系统（PA）、视频监控系统（CCTV）、乘客信息系统（PIS）和时钟系统（CLK）的互联。

（二）软件构成

综合监控系统的软件从逻辑上分为以下三层。

1. 数据接口层

专门用于数据采集和协议转换。

2. 数据处理层

用于实时、历史数据的管理，主要由中心、车站、车辆段、停车场服务器构成，通过实时数据库和关系数据库对所收集的数据进行判断和处理。

3. 人机界面层

用于处理人机接口，主要由操作员工作站构成，通过从中心、车站、车辆段停车场服务器获取数据，在操作站上显示人机界面，使运营人员完成各种监控和操作。

（三）综合监控骨干网

综合监控骨干网是连接车站级监控系统和中央级监控系统的主干传输通道，它将中央级监控系统、车站级监控系统和车辆段监控系统连接为一个有机整体。

三、车站综合监控系统的功能

车站综合监控系统的功能包括车站级综合功能、电力监控功能、环境与设备监控功能、火灾自动报警功能和车站综合后备盘功能等。

（一）综合监控系统车站级的综合功能

（1）监控本车站范围内的供电设备、环境与机电设备、防灾设备以及车站主要设施的运行情况。

（2）实现对各集成子系统、互联系统监控画面的选择和分屏显示、集成子系统和互联系统的监控画面应显示相应系统的详细信息。

（3）显示车站综合画面。

（4）实现本车站与运营管理相关的监控对象、系统主要设备、车站监控网网络运行的报警功能。

（二）综合监控系统车站级的电力监控功能

（1）实现对本车站范围内变电所设备、牵引网设备运行状态和运行参数进行实时监视。

（2）具有在车站获得控制权后控制主要供电回路断路器以及其他开关的遥控操作功能，实现一个设备在同一时刻只有一个控制者。

（3）具有在设定的权限范围内遥控、遥信、遥测、遥调的功能。

（4）具有故障录波监视功能。

（5）具有电能质量管理功能。

（三）综合监控系统车站级的环境与设备监控功能

（1）实现车站综合显示画面、环境与设备监控系统设备分类画面、环境与设备监控系统模式的显示。

（2）对本车站及所管辖区间、车站隧道通风系统、车站通风空调系统、给排水系统、自动扶梯系统、照明系统、车站事故照明电源、集中冷站等设备进行监视和控制，并对故障进行报警。

（3）监视和记录车站典型区域测试点的温度、湿度、压力等环境参数。

（4）监视车站公共区通风空调系统、水系统的参数和状态，实现对车站公共区通风空调系统的控制。

（5）对所有监控设备实现手动或自动模式控制。

（6）实现将车站被控设备运行状态报警信号以及监测点数据送至控制中心，接受中央级的各种运行模式指令。

（7）接受火灾自动报警系统发出的模式指令，并监视环境与设备监控系统执行防灾模式的情况。

（四）综合监控系统车站级的火灾自动报警功能

（1）具有管理车站火灾报警以及报警确认功能。

（2）监视本站火灾报警设备的主要运行状态，接受车站火灾报警并显示报警具体位置。

（3）火灾发生时，根据火灾模式联动广播系统进行防灾广播，控制地铁专用消防救灾设备的启动、停止并显示运行状态。

（4）具有分类存储车站火灾自动报警系统设备的运行、故障、报警数据的功能。

（五）综合监控系统车站级的综合后备盘功能

（1）具备灾害报警以及信号、环境与设备监控系统、电力监控系统、火灾自动报警系统、自动售检票、屏蔽门、自动扶梯等系统的后备应急操作。

（2）在系统故障或者发生灾难等紧急事件的情况下，具备隧道火灾模式、车站火灾模式、隧道阻塞模式、屏蔽门应急开启、列车自动监控系统的紧急停车、扣车和放行、自动售检票系统闸机释放、门禁系统电锁的释放、牵引网紧急断电以及和各个紧急情况相关的联动功能。

（3）盘面指示灯状态显示和现场设备状态一致，按钮、开关控制以及联锁功能、试灯功能正常。

任务 6.2

环境与设备监控系统

城市轨道交通车站除出入口、送排风口与外界大气相通外，基本与外界隔绝，需要通过人工气候环境才能满足列车设备高密度运行和大量乘客集散的环境条件需求。设置环境与设备监控系统的目的是在正常运行期间为乘客、工作人员提供舒适的环境，以及在紧急情况下为乘客撤离和救援人员进入车站提供安全通道。

一、环境与设备监控系统的定义

《地铁设计规范》（GB 50157—2013）将环境与设备监控系统（Building Automatic System，BAS）定义为：对地铁建筑物内的环境与空气调节、通风、给排水、照明、乘客导向、自动扶梯及电梯、站台门、防淹门等建筑设备和系统进行集中监视、控制和管理的系统。

BAS系统的基本组成动画

BAS 系统通过对车站机电设备进行全面、有效的自动化监控及管理，进行程序自动、实时、定时、现场就地监视设备运行状态，控制开启和关停，检测环境参数，调控环境舒适度及节能管理，采集、处理有关信息，进行历史资料档案和设备维修管理，确保设备处于安全、可靠、高效、节能的最佳运行状态，从而提供一个舒适的乘车环境，并能在列车阻塞事故状态下，更好地协调车站设备的运行，充分发挥各种设备应有的作用，保证乘客的安全和设备的正常运行。

BAS 系统有两种存在形式：当线路不设综合监控系统时，作为独立的系统出现；当线路设置综合监控系统时，以 ISCS 集成子系统的形式出现。

二、环境与设备监控系统的监控对象

BAS 系统的监控对象应以通风空调系统为重点，根据不同功能需求也可包含给排水系统、自动扶梯与电梯系统、乘客导向系统、屏蔽门系统等。

（一）通风空调系统

BAS 系统对通风空调系统的监控根据系统功能的不同，主要体现在对车站通风空调

系统、隧道通风系统、空调水系统的监视与控制。

1. 车站通风空调系统

BAS 系统对车站通风空调系统的监控按照监控区域范围的不同，可分为车站公共区通风空调系统和设备用房及管理用房通风空调系统。

（1）车站公共区通风空调系统。

车站公共区通风空调系统简称为“大系统”，主要监控设备包括回/排风机、送风排烟机、组合式空调机及响应的控制风阀等，如图 6-4 所示，黄色箭头线路表示送风方向，蓝色箭头线路表示排风方向。

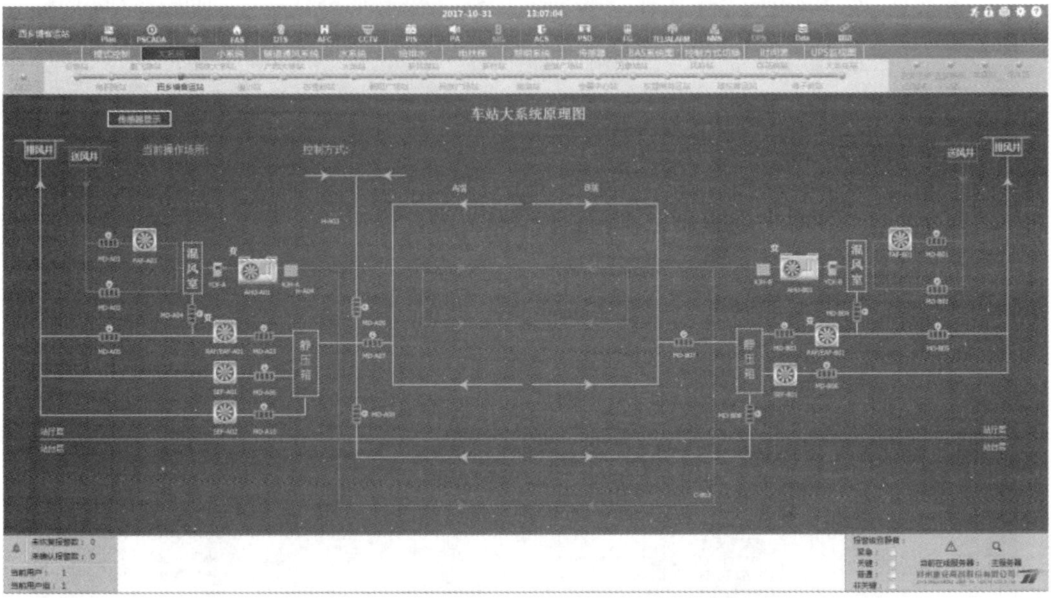

图 6-4　车站大系统

正常运营过程中，大系统可根据车站空气焓值相应地启动空调工况小新风、空调工况全新风、非空调工况三种不同的运行模式。当车站回风空气焓值<车站室外空气焓值，大系统进入小新风空调运行工况；当车站回风空气焓值≥车站室外空气焓值，且室外空气温度>车站空调送风温度，大系统进入全新风空调运行工况；当室外空气温度≤车站空调送风温度，进入全新风非空调运行工况（即通风工况）。夜间收车后需停止车站空调大系统和水系统的运行。

车站公共区发生火灾时，立即停止车站大系统空调水系统，转换到车站大系统火灾模式。当站台层发生火灾时，站台排烟系统和车站隧道通风系统进行排烟，同时站厅内送风。当站厅层发生火灾时，站厅排烟系统进行排烟，同时站台内送风。车站大系统运行模式系统界面如图 6-5 所示。

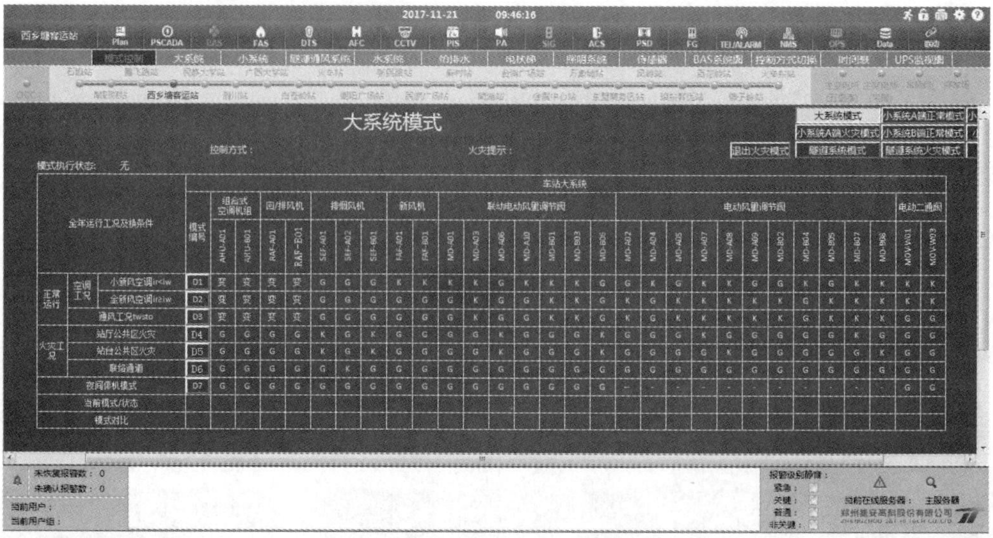

图 6-5　车站大系统运行模式

（2）设备用房及管理用房通风空调系统。

设备用房及管理用房通风空调系统简称为“小系统”，主要监控设备包括送风排烟机、空调机组及相应的控制风阀等，如图 6-6 所示。

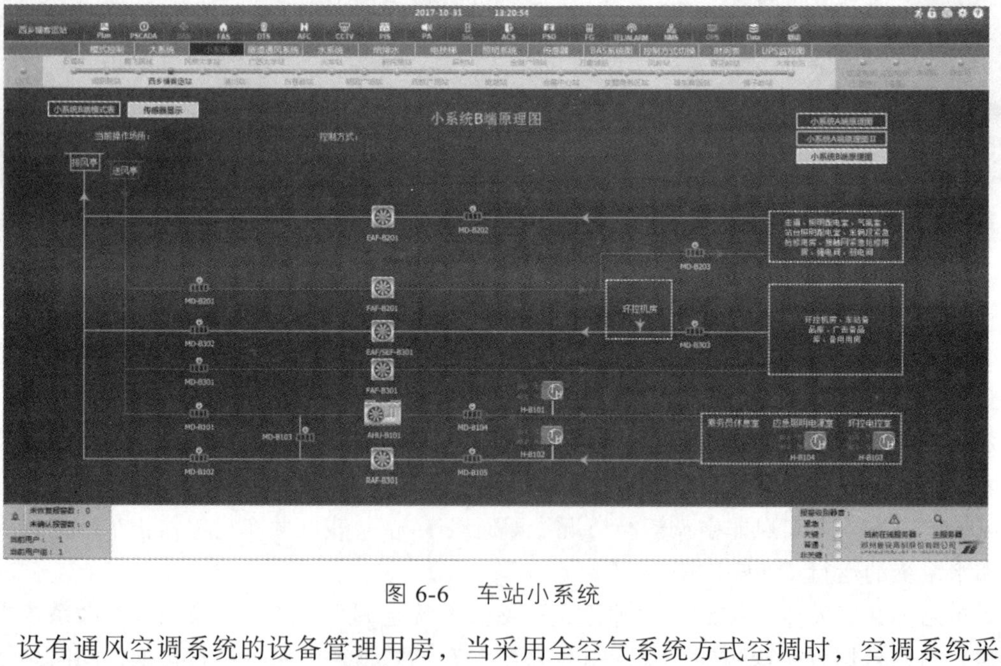

图 6-6　车站小系统

设有通风空调系统的设备管理用房，当采用全空气系统方式空调时，空调系统采用大系统的空调工况小新风、空调工况全新风、非空调工况方式进行控制；当采用风机盘管加新风进行空调时，空调工况利用盘管加新风进行空调，非空调工况只送新风和排风。对只设通风系统的设备、管理用房，全年按设定的通风模式进行。车站小系统正常运行模式系统界面如图 6-7 所示。

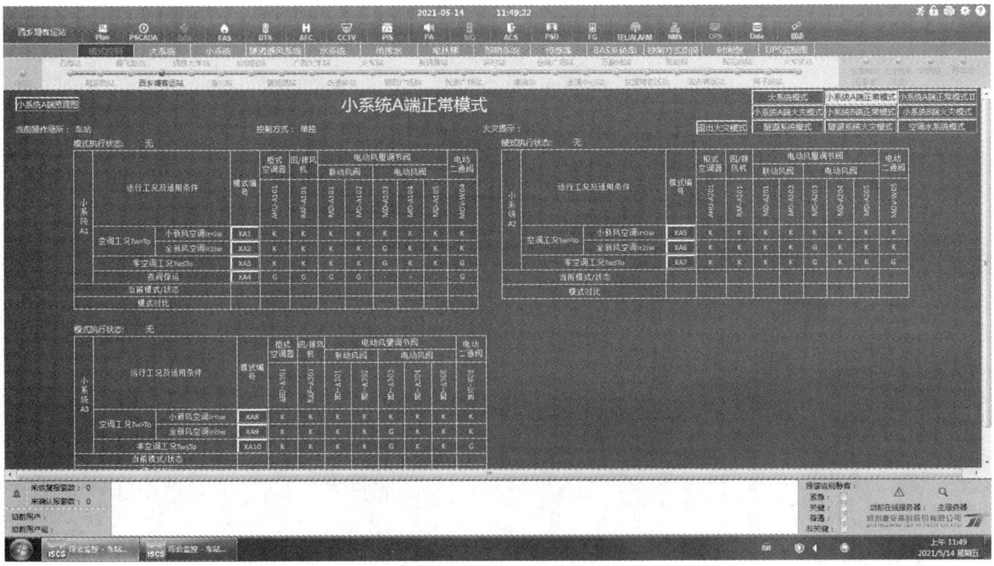

图 6-7　车站小系统正常运行模式

当车站设备管理用房发生火灾时，对应区的小系统立即转入到设定的火灾模式运行。即根据小系统的形式立即排除烟气或隔断火源和烟气，设有排烟系统的内通道进行排烟，设有加压送风的疏散梯进行加压送风。

小系统火灾模式系统界面如图 6-8 所示。

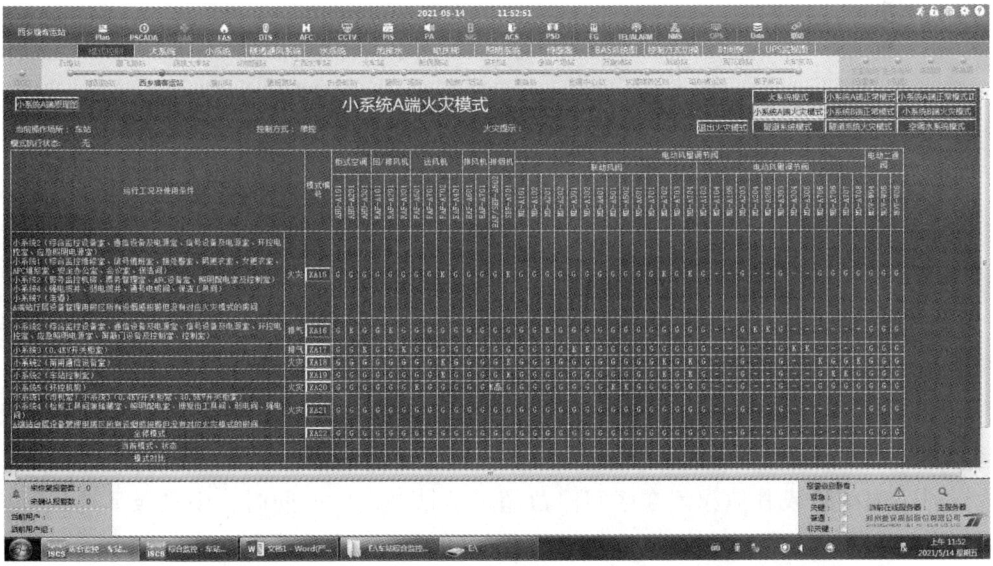

图 6-8　小系统火灾模式

2. 隧道通风系统

BAS 系统对隧道通风系统的监控分为车站隧道通风系统和区间隧道通风系统。主要的监控设备包括区间风机、车站送排风机（兼区间风机）、隧道射流风机、相关风阀和防火阀。

隧道通风系统如图 6-9 所示。

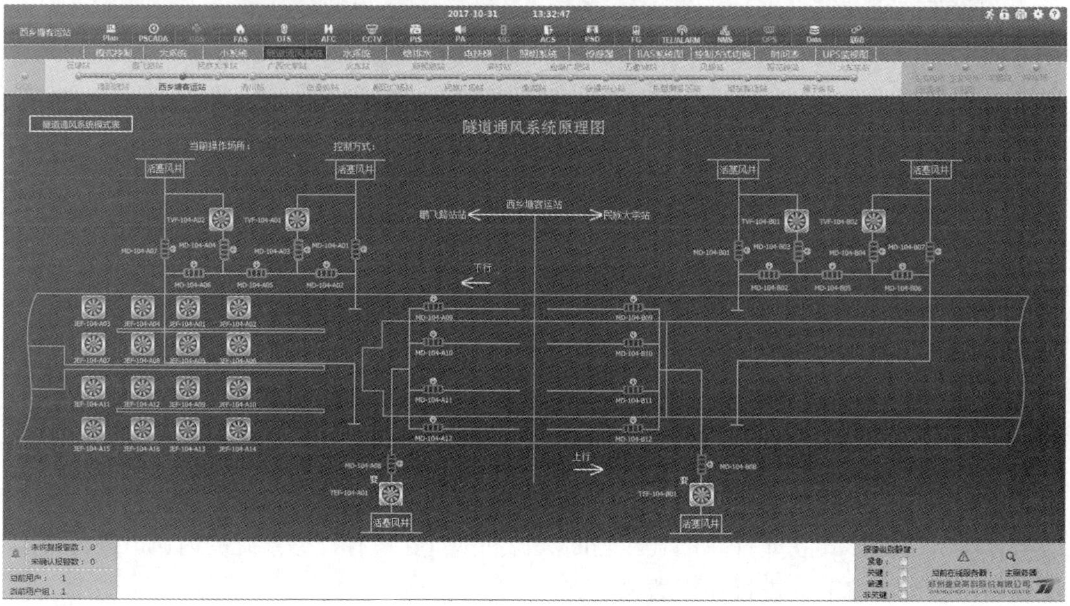

图 6-9　隧道通风系统

隧道通风系统的正常运行模式是根据地铁运营的时间，由系统预先设定的时间表来控制不同的运行模式，模式的启停时间设定的主要依据是地铁运营开始及停止的时间和日期。

早间运营前，根据系统的时间表功能，区间隧道通风系统进行半小时（可调整）的纵向机械通风。通风完毕后进入正常运行。

夜间收车后，根据系统的时间表功能，区间隧道通风系统进行半小时（可调整）的纵向机械通风，排除隧道中的废气和余热余湿。通风完毕后打开所有风道内风阀，利用自然通风的方式进行通风换气。

列车正常运行时，车站隧道通风系统投入运行而区间隧道通风系统停止运行。利用列车活塞作用，在一般区间隧道内通过车站两端的活塞风井进行通风换气，排除区间隧道的余热余湿；在设有中间风井的区间隧道内开启区间隧道中间风井，通过车站两端的活塞风井和区间隧道中间风井进行通风换气，排除区间隧道的余热余湿。

当列车因故障或其他原因在区间停留超过地铁规定的时间时，中央级下达运行模式指令到车站级，车站级控制通风系统设备进行隧道通风模式控制。区间隧道风机按行车方向进行机械通风，车站隧道通风系统保持正常运行，长区间隧道的中间风井关闭。从而控制隧道内温度，保证列车空调冷凝器在正常的温度范围内工作。

隧道系统运行模式系统界面如图 6-10 所示。

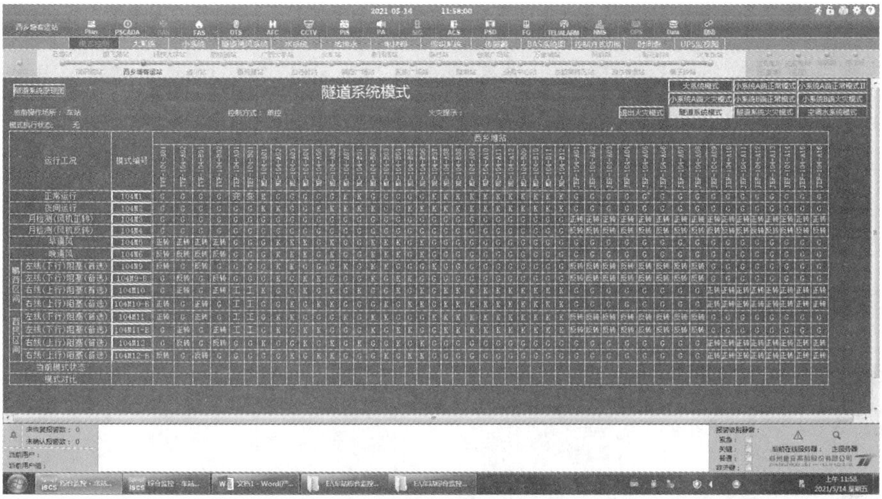

图 6-10　隧道系统运行模式

列车发生火灾而停在区间时，结合防灾模式，启动预定的系统运行模式，进行送风和排除烟气。列车在区间隧道发生火灾时，区间隧道通风系统应遵循以下运行原则：

① 列车在运行时发生火灾应尽量驶向前方车站，在前方车站疏散乘客、排烟及灭火，其火灾运行模式按车站隧道火灾考虑。

② 当列车发生火灾且不能运行，停靠在区间中时，应根据列车所处区间位置和列车起火部位，执行预先设计的运行模式。

③ 隧道通风系统在着火区域内的气流方向应与多数乘客的疏散方向相反。

④ 无法判断列车火灾位置时，按与行车方向一致的方向送风。

⑤ 着火区域的另一侧区间停止行车。

⑥ 列车前部或者后部着火时，乘客应沿着疏散平台步行至最近的联络通道处，进入非火灾隧道，疏散到最近车站，此时多数乘客应迎着新风疏散。

隧道系统火灾模式系统界面如图 6-11 所示。

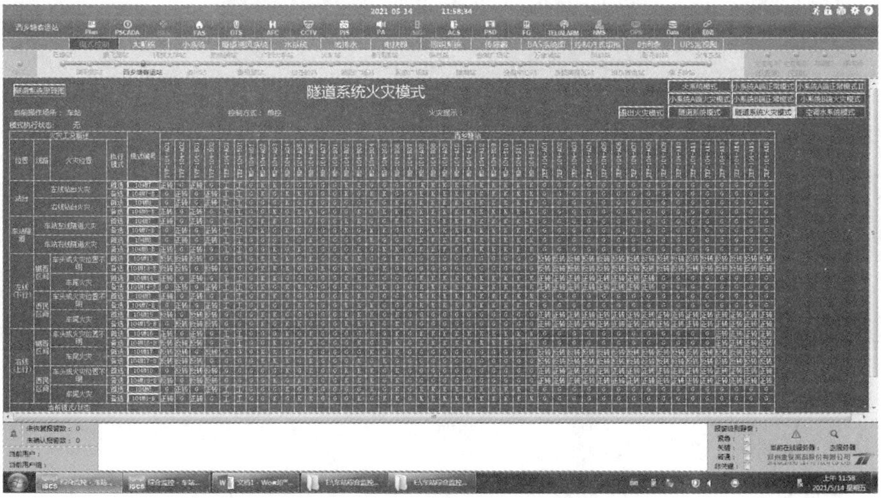

图 6-11　隧道系统火灾模式

3. 空调水系统

空调水系统是给各个空调机组提供冷源，并且形成一个水循环的系统。BAS 系统负责对各车站空调水系统如表冷器、空调机组处的电动阀门等相关的设备的运行状态进行监视、控制，并实现相关的模式控制。当冷冻泵或者冷却泵发生故障时，工作人员可以启动相应的模式表进行应急处理。车站空调水系统如图 6-12 所示，空调水系统运行模式如图 6-13 所示。

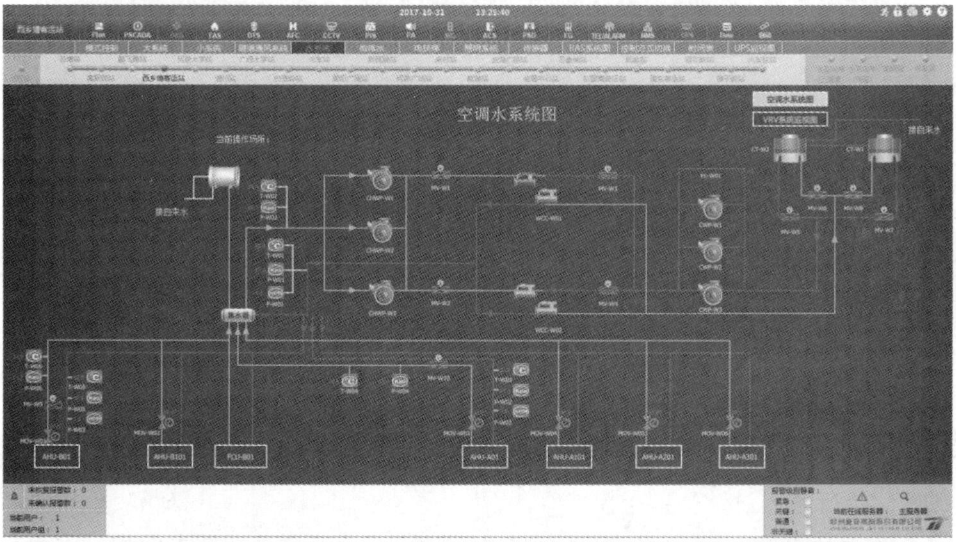

图 6-12 车站空调水系统

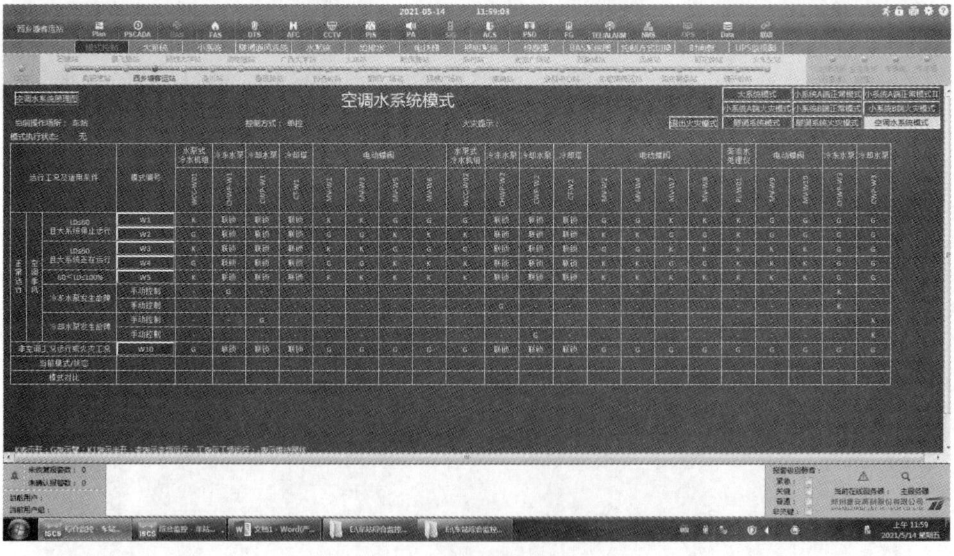

图 6-13 空调水系统运行模式

（二）给排水系统

BAS 系统针对给排水系统的监控对象包括各类给水泵、排水泵、蝶阀、消防泵、稳压泵等的工作状态。其监控主要内容包括：

（1）车站给排水设备具有远程监视功能，各类给水泵、排水泵具有独立的自动控制功能，正常情况下所有排水泵都 24 h 均处于“正常带电”“自动”状态。

（2）任何情况下，都必须保证每一个泵房都有一台水泵能正常工作。

（3）正常情况下由中央环调和车站共同监视本站及区间给排水设备的运行情况。

（4）为进入区间消防给水管上串联安装电动、手动蝶阀及压力传感器，平时电动蝶阀及手动蝶阀均开启。电动蝶阀由控制中心的综合监控系统负责对其监控。

（5）消防泵、稳压泵属于为消防水池或消防管网补充消防水及压力的设施，须保证 24 h 处于“正常带电”“自动”状态，影响到消防水补给的检修须确认消防水池在正常水位状态，消防泵直接对消防管网补给的，须确认消防管网压力在正常范围内。

（6）任何情况下发生消防泵起泵，工作人员均要到现场确认起泵原因及管网压力，压力达到正常范围手动关停消防泵。

（7）原则上，消防水须保证 24 h 正常供水。

车站给排水系统如图 6-14 所示。

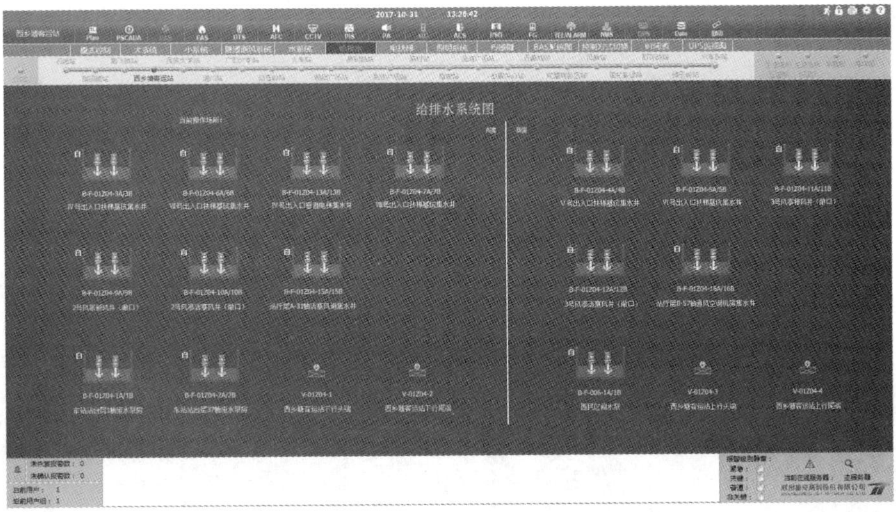

图 6-14　车站给排水系统

（三）自动扶梯与电梯系统

BAS 系统针对自动扶梯与电梯系统的监控对象包括站台-站厅电梯系统设备、出入口电梯系统设备等的工作状态。

BAS 针对电动扶梯、电梯系统的监控方式为只监不控。主要监控内容包括：

（1）监视自动扶梯的运行状态，如上行、下行、停止或维修等状态，如遇到故障、急停，BAS 会有音频、文字报警显示。

（2）监视电梯的运行状态，如启动、关闭或维修等。如遇到故障、乘客报警时，监视界面会显示报警信息。

车站电扶梯系统界面如图 6-15 所示。

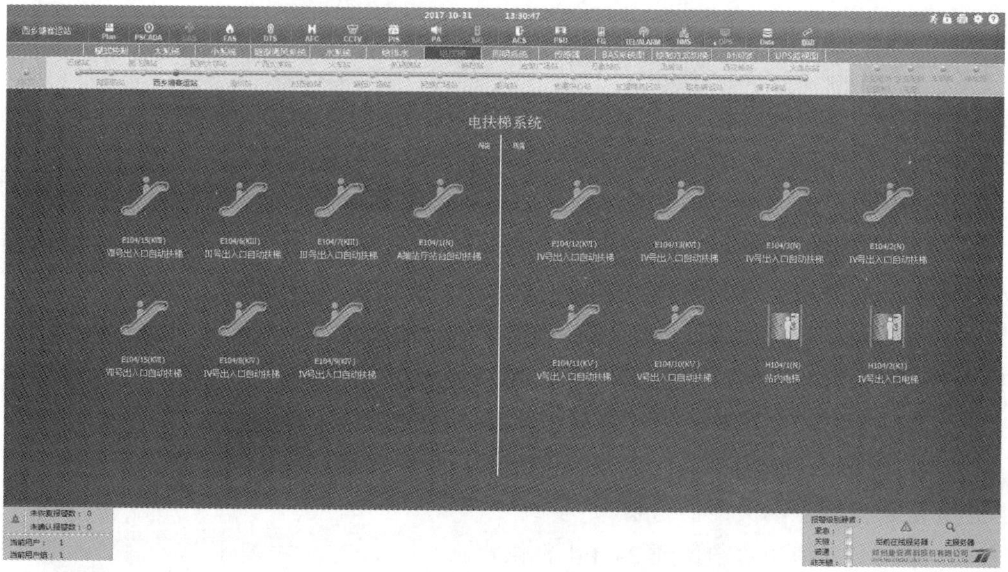

图 6-15　车站电扶梯系统

（四）照明系统

BAS 系统针对车站照明系统的监控对象包含站内各种类型照明设备（含逃生导向标志、应急照明、工作照明、节点照明、广告照明等）和区间隧道照明等的工作状态。

各车站公共区照明、广告照明、出入口照明按地铁运营时间指定运行时刻表，控制操作以车站级控制为主。车站照明系统如图 6-16 所示。

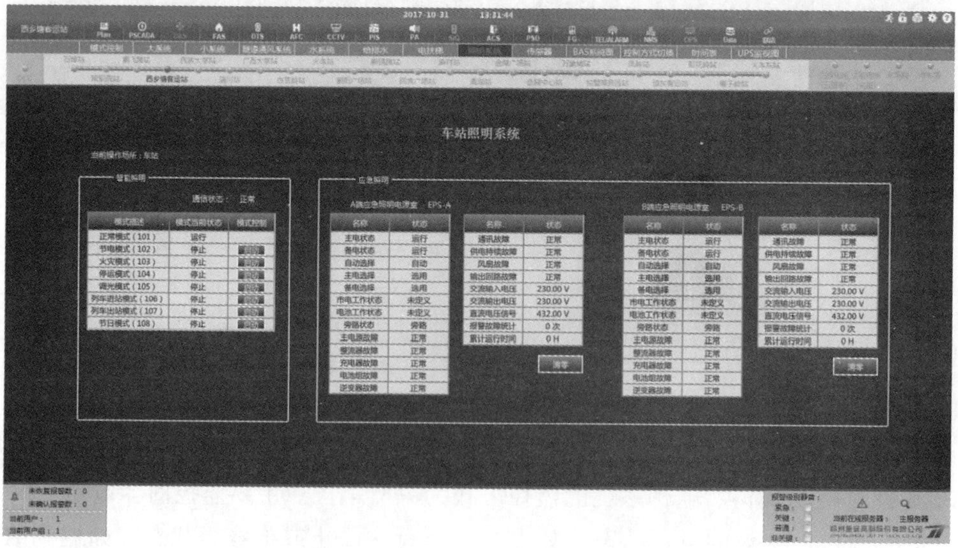

图 6-16　车站照明系统

三、环境与设备监控系统的控制方式

BAS 系统是由中央管理级、车站监控级、现场控制级监控设备及相关通信网络共同构成的实时监控系统。因此 BAS 系统实行中央级、车站级和就地级三级监控。

中央级和车站级通过控制权限移交机制实现控制权的转换，且中心和车站不可同时对受控设备进行遥控操作。

BAS 控制命令能分别从中央级、车站级和车站紧急控制盘（IBP 盘）自动或手动地下达执行，并具有越级控制能力。

（一）设备优先级操作

设备按优先级分级操作，监控操作源包括 OCC 监控工作站（OCC/OS）、车站监控工作站（SC/OS）、车站紧急控制盘（IBP）、设备就地控制箱（LCP）。优先级原则为：越靠近底层的（即距离设备越近的）操作源其优先级越高。监控操作源操作优先级如表 6-1 所示。

表 6-1　监控操作源操作优先级

编号	优先级	名称	操作地点	实现方式
A1	1	LCP	就地控制箱	手自动转换开关，电气方式
A2	2	IBP	车控室	使能钥匙开关，逻辑判断
A3	3	SCR/OS	车控室	HMI 画面切换按钮，逻辑判断
A4	3	OCC/OS	控制中心	HMI 画面切换按钮，逻辑判断

（二）系统运行工况优先级操作

系统也按运行工况优先级分级操作。系统运行工况包括正常工况、阻塞工况和火灾工况，阻塞工况和火灾工况统称为灾害工况。在系统运行工况中，火灾工况的优先级最高，正常工况的优先级最低。系统灾害工况控制优先级的判断原则为：先判断操作源，后判断工况。系统工况操作优先级如图 6-2 所示。

表 6-2　系统工况操作优先级

编号	优先级	系统工况
B1	1	火灾工况
B2	2	阻塞工况
B3	3	正常工况

正常工况下对设备的控制分为四种方式：单控、手动、焓值和时间表。手动操作在任何时候均有效，即手动操作随时可以打断时间表或自动控制方式。当操作员对某系统中某一设备进行手动操作后，该系统自动进入手动控制状态，不受时间表和自动控制的限制，并且该系统其余设备均保持控制方式转换前的运行状态。控制方式切换界面除了可以进行中心和车站控制权限的切换，还可以控制 BAS 系统中各个子系统的控制模式，进行单控或手动等控制模式的切换。BAS 系统正常工况控制方式如图 6-17 所示。

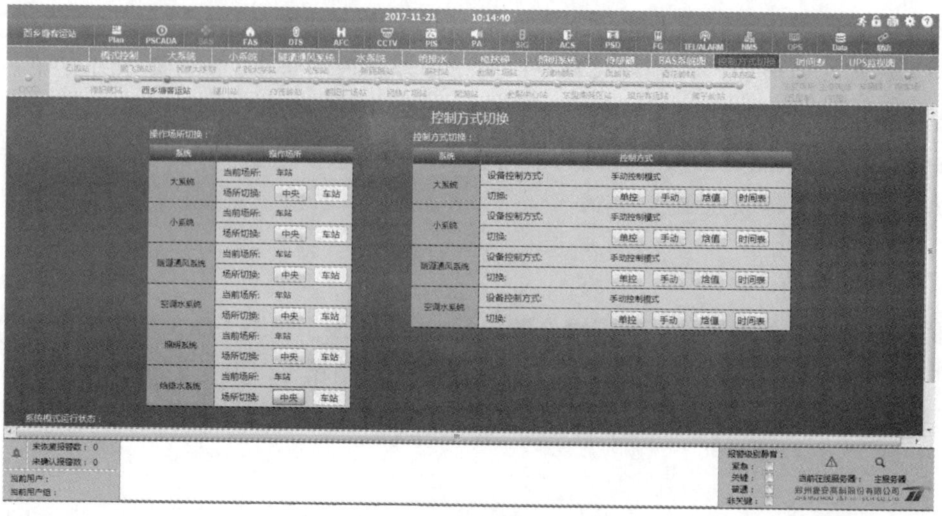

图 6-17　BAS 系统正常工况控制方式

（三）模式控制

模式控制是由子系统和外部系统执行的顺序控制，通过一个模式号对一个系统的多个设备或设备组进行控制，模式控制反馈模式执行的结果。模式控制包括正常模式和灾害模式，灾害模式包括阻塞模式和火灾模式等。

模式选择的控制方式与基本遥控相同，只是操作对象不是设备，而是预先定义的模式号。

ISCS 系统将从 BAS 中获得模式状态并显示在模式表中。模式状态包括模式执行成功、模式执行失败、模式执行过程中。

任务 6.3

车站消防系统

城市轨道交通系统的大部分车站属于地下车站，车站设备区内设置了大量的机电设备，且车站的公共区空间狭小、人流密集，一旦发生火灾，存在排烟困难、散热慢，高温、高热全面燃烧，安全疏散困难、扑救困难，产生的危害大等问题，因此，消防系统在城市轨道交通车站设备中占有重要的地位，其对于提前发现火灾并进行报警，启动相关设备实施火灾模式运转，及时疏散车站乘客，确保乘客人身安全具有重要的意义。

城市轨道交通车站消防系统主要由两大部分组成，一部分为感应机构，即火灾自动报警系统，另一部分为执行机构，即灭火及消防联动控制系统。

在火灾发生初期，系统既可以通过设置在现场的感烟、感温和感光火灾探测器等火灾触发器件自动接收火灾燃烧所产生的烟雾、温度变化和热辐射等物理信号，并将其变换成电信号输入火灾报警控制器；也可以通过手动报警按钮以手动的方式向火灾报警控制器通报火警。火灾报警控制器对输入的报警信号进行处理、分析，经判断为火灾时，立即以声、光信号等由火灾报警装置向人们发出火灾警报，并记录、显示火灾发生的时间和位置，同时向防烟排烟系统、自动喷水灭火系统、室内消火栓系统、管网气体灭火系统、泡沫灭火系统、干粉灭火系统以及防火门、防火卷帘等防烟防火设施发出控制命令，启动各种消防装置，指挥人员疏散，控制火灾以防其蔓延、发展。

一、火灾自动报警系统

火灾报警系统动画

火灾自动报警系统（Automatic Fire Alarm System，FAS），是用于及早发现和通报火灾，以便及时采取措施控制和扑灭火灾而设置在建筑物中或其他场所的一种自动消防报警设施。火灾自动报警系统具有自动检测、自动判断、自动报警的功能，通过设置在车站或者隧道内的自动火灾探测装置和手动报警装置，火灾自动报警系统可以在火灾发生的初期探测到火灾，并通过警报装置发出火灾警报，同时启动防烟、排烟及防火、灭火设施，以便人员撤离，防止火灾发展和蔓延，从而有助于控制和扑灭火灾。

地铁系统是在遵照国家对火灾“预防为主、防消结合”的方针的基础上，设置的 FAS 系统。FAS 子系统一般情况下独立成系统，并与 BAS 等设备存在接口关系。发生火灾时，FAS 向 BAS 发送救灾模式指令由 BAS 执行。FAS 具有控制优先权。

（一）火灾自动报警系统的组成

火灾自动报警系统一般由火灾触发器件、火灾报警装置、火灾警报装置以及具有其他辅助功能的装置组成如图 6-18 所示。它能在火灾初期，将烟雾、热量和光辐射等物理量，通过感温、感烟和感光等火灾探测器转变成电信号，传输到火灾报警控制器，并同时显示火灾发生的部位，记录火灾发生的时间。

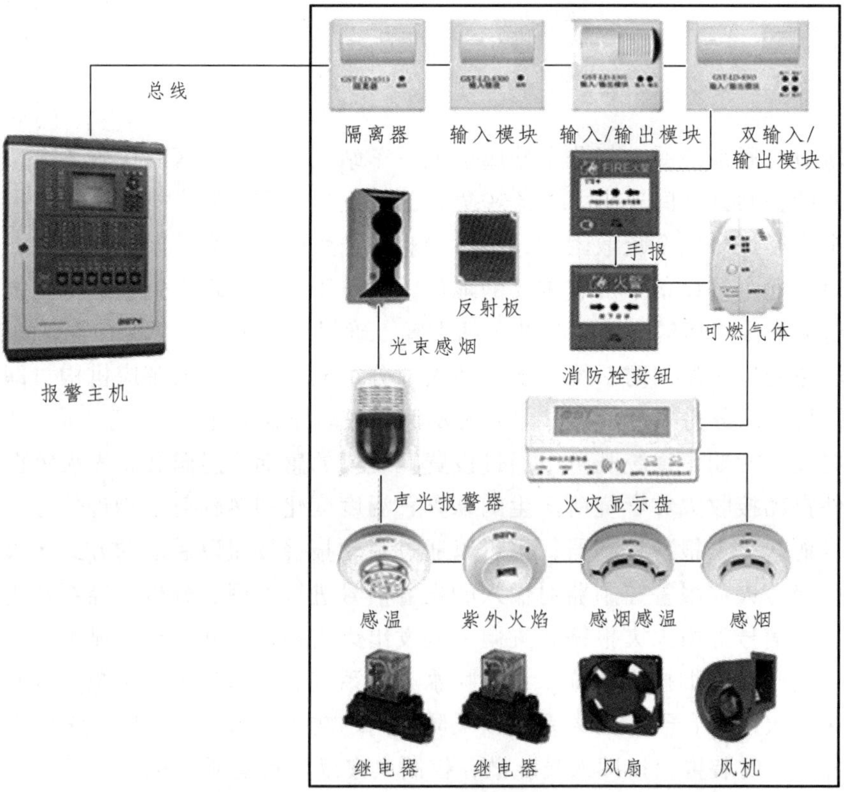

图 6-18　火灾自动报警系统组成

1. 火灾触发器件

火灾触发器件是指设置在现场，能对火灾参数（如烟雾、温度、火焰辐射、气体浓度等）进行响应，并自动产生火灾报警信号的器件。火灾探测器属于火灾触发器件，它是火灾自动报警系统的重要组成部分，是决定整个系统性能好坏的关键。不同类型的火灾探测器适用于不同类型的火灾和不同的场所。按照响应火灾参数的不同，火灾探测器可分为感温火灾探测器、感烟火灾探测器、感光火灾探测器和复合式火灾探测器。

（1）感温火灾探测器。

感温火灾探测器（见图 6-19）是对警戒范围内某一点或某一线路周围温度变化进行

响应的火灾探测器。火灾发生时，物质的燃烧会产生大量的热量，使周围温度发生变化。感温火灾探测器可以将对温度的变化的感知转换为电信号以达到报警的目的。

图 6-19　感温火灾探测器

（2）感烟火灾探测器。

感烟火灾探测器（见图 6-20）是能对可见的或不可见的烟雾粒子进行响应的火灾探测器。火灾的起火过程中一般会伴有烟、热和光三种燃烧产物。在火灾初期，由于温度较低，物质多处于阴燃阶段，所以会产生大量的烟雾。感烟火灾探测器就是将探测部位烟雾浓度的变化转换为电信号从而实现报警的一种器件。

图 6-20　感烟火灾探测器

（3）感光火灾探测器。

感光火灾探测器（如图 6-21）又被称为火焰探测器，是用于响应火灾光特性的一种火灾探测器。它利用自身感应物质燃烧时产生可见或不可见的光辐射的特性来发出报警信号。感光火灾探测器宜安装在有瞬间产生爆炸可能性的场所，如石油、炸药等化工产品的生产、存放场所等。

图 6-21　感光火灾探测器

（4）复合式火灾探测器。

复合式火灾探测器（见图 6-22）是对两种或两种以上火灾参数响应的探测器，常用的有感烟感温式火灾探测器、感烟感光式火灾探测器、感温感光式火灾探测器等。

图 6-22　复合式感烟感温式火灾探测器

2. 火灾报警装置

火灾报警装置是指在火灾自动报警系统中，用以接收、显示和传递火灾报警信号，并能发出控制信号和具有其他辅助功能的控制指示设备。手动报警按钮和消防栓按钮都属于火灾报警装置。

（1）手动报警按钮。

手动报警按钮（见图 6-23）是以手动方式产生火灾报警信号的器件，也是火灾自动报警系统中不可缺少的组成部分之一。每个防火分区应至少设置一个手动报警按钮。当现场人员发现火灾时，而火灾探测器又没有探测到火灾的时候，人员手动按下手动报警按钮，报告发生火灾。

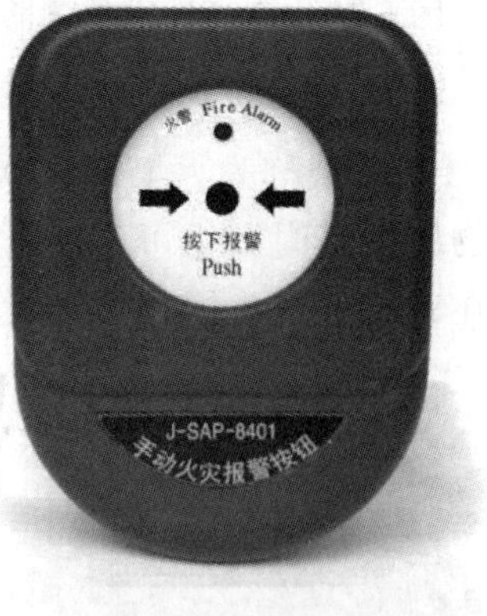

图 6-23　手动报警按钮

（2）消防栓按钮。

消防栓按钮（见图 6-24）安装在消防栓箱内。在发现火情必须使用消防栓的情况下，手动按下按钮，向消防中心送出报警信号。当主机设置为“自动”状态时，将直接启动消防栓泵。

图 6-24　消防栓按钮

3. 火灾警报装置

火灾警报装置（见图 6-25）是在火灾集中报警系统中，用以发出区别于环境声、光的火灾警报信号的装置。火灾警报器是一种最基本的火灾警报装置，通常与火灾报警控制器组合在一起，它以声、光等方式向报警区域发出火灾警报信号，以警示人们安全疏散、采取灭火救灾措施。

图 6-25　声光警报器

4. 火灾报警控制器

火灾报警控制器（见图 6-26）是火灾自动报警系统的心脏，是系统运行的指挥中心，担负着整个系统监视、报警、控制、显示、信息记录和档案存储等功能。

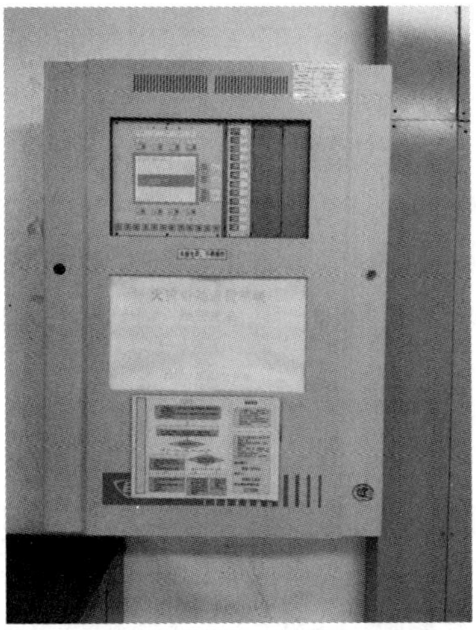

图 6-26　火灾报警控制器

（二）火灾自动报警系统的功能

FAS 系统采取一体化网络、两级管理、三级控制的运营模式。一体化网络是指全线各站的火灾报警控制器和中心级的火灾报警控制器为骨干网上的独立节点，其独立节点包括车站的 GCC、OCC 的图文工作站、备用中心的工作站，以保证网络的中央级相互热备，主备中心的无缝转换，在网络再生功能上有着无可比拟的优点。FAS 系统设中央、车站两级管理，采用中央级、车站级、就地控制级三级控制方式。

1. 中央级功能

FAS 中央级功能主要是监视城市轨道交通控制中心大楼、全线各车站、车辆段、区间隧道及主变电站等下属所有区域的火灾报警、消防联动和故障情况，在发生火灾时承担全线防灾指挥中心的功能。

（1）接收控制中心、全线车站、车辆段及主变电站的火灾报警信息并显示报警部位，声光报警系统发出声、光火灾报警信号后，打印机能实时打印火灾报警发生的时间、地点及火灾类型等信息，并通过网络向火灾所属区域的消防设备发布命令，指令进入火灾报警处理模式。

（2）系统编辑功能。系统编辑功能有两种：一种是在线编辑功能，即全线的维护人员可直接在现场编辑或通过工作站添加系统设备，自定义设备；另一种是离线编辑功能，即现场设备的定义和参数修改可在办公室的计算机上完成，经编译转换后，到现场发送到火灾报警控制器上。

（3）通过火灾报警网络接收并储存全线消防设备的运行状态信息，远程监视就地级消防设备的运行状态。主机通过显示画面和数据表格提供现场的监视信息。

（4）存储记录功能。存储事件和操作人员的各项操作记录，主要包括火警监视、故障状态及设备维修等信息。

（5）网络自诊断功能。FAS 主机具有自诊断网络功能，可及时判断网络故障的位置及原因，并按事件方式进行报警。

（6）历史档案功能。即各报警及事件等信息记录的归档处理功能，操作人员可根据要求随时进行信息的查看和打印输出。

（7）与其他子系统的协调配合功能。防灾指挥中心及各车站设置有与列车司机联系的无线电话。防灾指挥中心设置与市消防局联系的专用外部电话，并设置消防调度电话总机，车站设置有消防调度电话分机。在消防控制中心设置与闭路电视有监视系统的切换装置和显示终端时，切换为防灾监视。在发生火灾时，防灾指挥中心将广播系统强制转为消防广播状态。

2. 车站级功能

FAS 车站级具有监视、报警、控制以及与其他系统的联动等功能。

（1）监视及报警功能。

正常情况下设在各车站的防灾报警分机通过探测器和信号输入模块，对消防设备的运行状态及火灾状态进行实时监测。同时，FAS 对其内部的部件状态也进行实时监测，通过火灾报警网络连接的各控制器和通信网络也在进行自动监测。所有的监测信息都将传送到控制中心的消防监控工作站，并通过控制中心的综合监控网络形成实时信息，供整个综合监控系统共享。在火灾发生后，通过自动和手动的方式确认火灾信息，进行报警。

（2）监控功能。

监控功能具有两种，第一种为对气体灭火系统的监控：防灾报警分机接收气体灭火系统的预报警、火灾确认、系统故障、气体释放、手动/自动状态五个反馈信号，监视气体灭火系统保护区内的防火阀动作。另一种为对防火卷帘门的监控：疏散通道的防火卷帘门按下列控制程序进行控制：感烟探测器动作后，控制防火卷帘门下降至距地（楼）面 1.8 m；感温探测器动作后，控制防火卷帘门下降到底；用作防火隔断的防火卷帘门在探测器动作后下降到底。以上控制和卷帘门位置信号将在 LCD 和显示面板上的 LED 显示，并被传送到防灾指挥中心。

（3）对其他消防设备的监控功能。

火灾被确认后，通过接口命令 EMCS 切断非消防电源，该控制信号将在防灾报警分机的 LCD 和控制显示面板上的 LED 显示，并传输到防灾指挥中心；监视防火阀、消防泵的运行状态，其位置状态信号将在防灾报警分机的 LCD 和控制显示面板上的 LED 进行显示，并传输到防灾指挥中心；监视破碎玻璃按钮和消防栓泵的状态，在接收破碎玻璃按钮动作信号后，自动发出控制命令，起动消防加压泵，并监视加压泵的运行信号，点亮破碎玻璃按钮上的指示灯；该控制和位置状态信号将在防灾报警分机的 LCD 和控制显示面板上的 LED 进行显示，并被传输到防灾指挥中心。

3. 就地控制级功能

FAS 就地控制级的功能是能直接完成烟雾探测、现场灭火、阻隔火源蔓延、控制烟雾等。

（1）智能型光电感烟探测器的功能：内置能独立运行的微处理器，能除尘报警、能自诊断及读取历史记录、能设置早期警告和预报警值且具有稳定性。

（2）手动火灾报警按钮的功能：能手动报警，用手动的方式监视报告火警。

（3）感温电缆的功能：主要设置在车站站台板下的电缆廊道，用来监视电缆是否超过额定温度，超过额定温度时能报警。

（4）消防联动控制柜的功能：用于监控消防泵、消防火栓泵、组合式空调箱、变风量空调器、回排风机、TVF、UPE/OTE 风机、小系统回风机及送风机等设备。

（三）火灾自动报警系统操作管理

1. 日常运行方式

在系统正常运行的情况下，由车站站务人员对 FAS 系统进行日常巡视。当发生火灾报警时，应立即携带通信工具到报警现场确认是否发生火灾。如果发生火灾，应按照相关规定执行；如果是误报，则应调查清楚干扰原因，待干扰因素消除后，在消防火灾自动控制盘上进行复位。

2. 火灾报警模式

火灾报警模式就是在确认（包括自动确认和人工确认）火灾灾情的情况下，火灾自动报警控制盘所执行的一系列操作。火灾报警模式的启动包括自动启动、手动启动（半自动启动）和人工启动 3 种方式。

（1）自动启动方式。

在车站，当同一防火分区有两个以上的感烟或感温探测器探测到火警，或一个感烟探测器和一个感温探测器同时探测到火警时：FAS 系统自动发送火灾模式号给 BAS 系统，由 BAS 系统联动车站防排烟设备执行灭火程序，同时，FAS 系统联动电梯归首层、防火卷帘下降、门禁开放。

（2）手动启动方式。

当一防火分区的任一火灾探测器产生火灾报警时，值班人员到现场确认火灾情况。如果现场确实发生火灾，值班人员可触发设置在现场的任一手动报警器进行确认。火灾自动报警控制盘接收到确认报警后，将自动启动火灾模式。

（3）人工启动方式。

当值班人员发现现场发生火灾时，利用通信工具通知车控室。车控室值班员可在火灾自动报警控制盘上或图形命令中心（GCC）直接人工启动火灾模式。

二、自动灭火系统

在城市轨道交通工程中，如主变电所、变配电站、信号设备室及车站控制室等均属于车站的重要部位，不但设备价格昂贵，而且发生火灾等意外事故时容易导致城市轨道交通终端，影响整个城市轨道交通的运行安全。因此，自动灭火系统在城市轨道交通车站消防系统中起到举足轻重的作用，属于必不可少的消防安全系统。

（一）气体灭火系统

气体灭火系统是指平时灭火剂以液体、液化气体或气体状态存储于压力容器内，灭火时以气体（包括蒸气、气雾）状态喷射作为灭火介质的灭火系统。其能在防护区空间内形成各方向浓度均一的气体，而且至少能保持该灭火浓度达到规范规定的浸渍时间，实现扑灭该防护区的空间、立体火灾的目标。

气体灭火系统主要用于保护车站内火灾危险性较高的或重要的设备用房，如高低压室、通信设备室、环控电控室、信号设备室等，能实现火警信号采集、系统信息处理、声光报警控制、信息报告、相关环控设备联动控制和气体释放全过程自动控制。

目前常用的气体自动灭火系统主要有二氧化碳自动灭火系统、卤代烃（七氟丙烷、三氟甲烷等）自动灭火系统、惰性气体（IG-541、IG-100 等）自动灭火系统和细水雾自动灭火系统四种。但二氧化碳灭火系统由于易沉积、会对人体造成窒息危害的缺点，不适用于城市轨道交通的地下建筑；三氟甲烷自动灭火系统由于具有系统压力小、输送距离短、气瓶室设置数量较多，而且毒性较高，温室效应影响时间长等特点，故在城市轨道交通中不推荐使用。惰性气体、细水雾、七氟丙烷自动灭火系统均适用于城市轨道交通。

1. 惰性气体自动灭火系统

惰性气体自动灭火系统目前最常见的有两种，即 IG-541 和 IG-100。该系统主要靠物理室息作用将防护区内的氧气浓度降低至不支持燃烧的范围从而达到灭火的目的。惰性气体自动灭火系统在灭火过程中无任何分解物，平时以气态存储，喷放时不会形成浓雾或造成视野不清，从而使得人员在火灾逃生时能清楚地分辨逃生方向。该系统能有效地扑灭电气火灾，不会对电气设备造成二次危害，对环境和人体危害小。若采用组合分配，其布置比较灵活，输送距离长，一般在车站两端各设置一个气瓶室即能满足消防系统的要求。但该系统的贮存压力高，设计灭火浓度高，所需要的气瓶数量多。灭火时会产生较高的正压，所以对防护区结构的要求较高。IG-541 气体灭火系统示意图如图 6-27 所示。

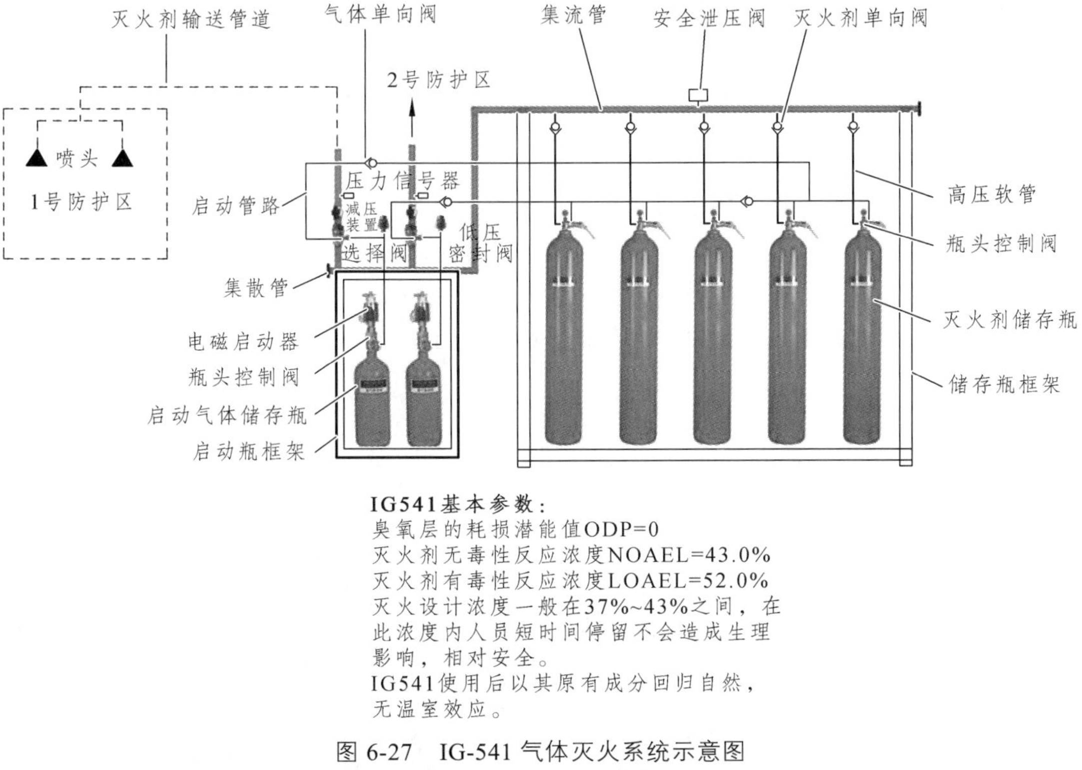

图 6-27　IG-541 气体灭火系统示意图

2. 细水雾自动灭火系统

细水雾自动灭火系统作为一种新型灭火系统，具有良好的发展前景。该系统使用特殊构造的细水雾喷嘴，通过水与雾化介质的作用产生水微粒，水微粒受热蒸发产生体积急剧膨胀的水蒸气（体积大约增大 1 700 倍）。在灭火过程中一方面使燃烧反应停止，另一方面大量产生的水蒸气能降低封闭火场的氧气浓度，起到窒息燃烧反应的作用，达到双重物理灭火的效果。因此该系统在火灾时具有冷却效果、窒息和隔绝辐射的作用、消烟的功能，以及持续控火至灭火的能力。但其灭的火速度比气体灭火系统慢，同时在冷态喷放时会对电气设备产生一定的水渍影响。

细水雾自动灭火系统示意图如图 6-28 所示。

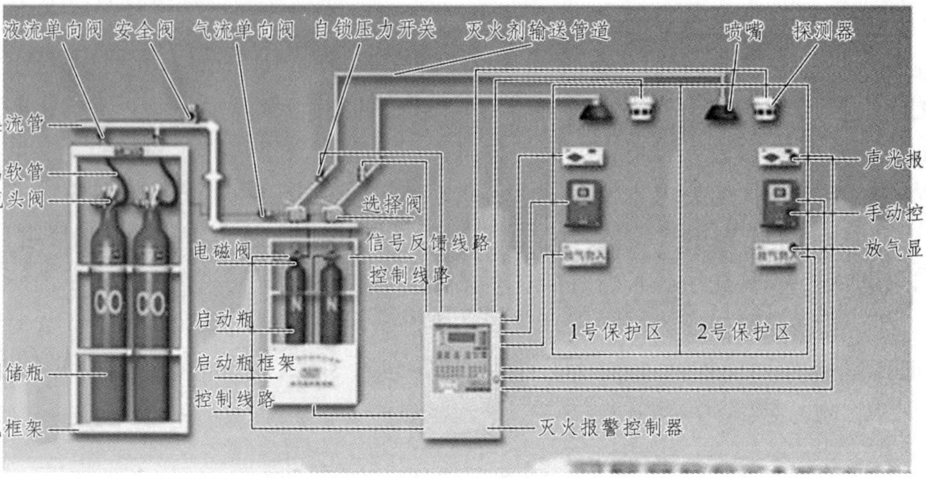

图 6-28　细水雾自动灭火系统示意图

3. 七氟丙烷自动灭火系统

七氟丙烷自动灭火系统属于卤代烃类气体灭火系统。该类系统通过化学作用抑制燃烧过程中的化学反应从而达到灭火的目的。七氟丙烷自动灭火系统灭火速度快、效率高、效果好，但卤代烃气体有温室效应，灭火剂充装费用较高，因此在灭火过程中和高温条件下会裂解产生很少量的热腐蚀产物，如图 6-29 所示。

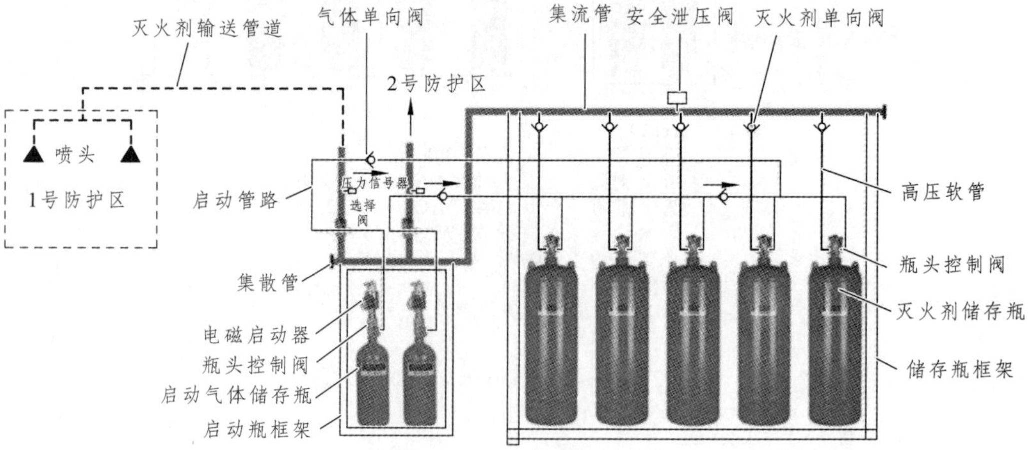

七氟丙烷参数：
臭氧层的耗损潜能值ODP=0
温室效应潜能值GWP=0.6
大气中存留寿命ALT=31年
灭火剂无毒性反应浓度NOAEL=9.0%
灭火剂有毒性反应浓度LOAEL=10.5%
灭火设计基本浓度C=8.0%，
低于NOAEL和LOAEL，相对安全。

图 6-29　七氟丙烷自动灭火系统

（二）气体灭火系统的控制方式

气体灭火系统可以对其覆盖的各个防护区独立实现自动控制、手动控制和人工应急机械手动控制三种控制方式。

1. 自动控制方式

在正常状态下，气体灭火控制器的控制方式选择在“自动”位置，灭火系统处于自动控制状态。当手自动转换开关置于“自动”位置时，针对该防护区的灭火控制方式处于全自动状态，在此状态下，当灭火控制器接收到同一防护区两个火灾探测器同时探测到火险的信号时，即进入自动灭火控制程序。

2. 手动控制方式

在防护区有人员工作或值班时，控制方式选择“手动”位置，灭火系统处于手动控制状态。若某防护区发生火情，按下火灾报警灭火控制器（或气体灭火控制器）面板上的“启动”按钮，即可按“自动”程序启动灭火系统，实施灭火。也可在确认人员已经全部撤离的情况下，按下该区门口设置的“紧急启动”按钮，即可立即按“自动”程序启动，释放灭火剂以实施灭火。

3. 人工应急机械手动控制方式

在无论何种原因致使灭火系统无法采用自动控制方式和手动控制方式启动时，操作人员可以采用人工应急机械手动控制方式启动灭火系统。具体步骤为：

（1）确认发生火灾的防护区的名称。

（2）确认防护区内的人员已撤出，并有效防止人员误入。

（3）确认影响灭火效果的设备或装置及门窗已经关闭。

（4）尽快到达该防护区对应的灭火系统气瓶间。

（5）按照标牌指引，找到对应该防护区的启动气体存储装置。

（6）拉出该存储装置上电磁启动装置机械应急启动手柄下的保险卡环。

（7）按下手柄即可释放启动气体，从而启动气体自动灭火系统，释放灭火剂，实施灭火。

三、消防联动控制系统

消防联动控制系统（见图 6-30）是指在火灾自动报警系统中，当接收到来自触发器件的火灾信号后，能自动或手动启动相关消防设备并显示其工作状态的系统。消防联动控制系统的设置是为了保障在火灾过程中能较好地疏散人员、减少人员伤亡。消防联动控制系统一般由下列部分或全部控制装置组成：

（1）火灾报警联动一体机。

（2）自动灭火系统的控制装置。

（3）室内消火栓系统的控制装置。

（4）防烟、排烟系统及空调通风系统的控制装置。
（5）敞开防火门、防火卷帘的控制装置。
（6）电梯迫降控制装置。
（7）火灾应急广播的控制装置。
（8）火灾警报装置的控制装置。
（9）火灾应急照明与疏散指示标志的控制装置。

图 6-30　消防联动控制系统

任务 6.4

IBP 盘认知与操作

地铁车站控制室（简称车控室）是各设备系统的车站级调度、管理指挥中心，也是整座车站的控制中心，承担着设备控制、组织协调等重要工作。

综合后备盘（Integrated Backup Panel，简称 IBP 盘）是车控室内最重要的组成部分，是紧急情况下或在车站相关监控系统人机界面故障造成无法通过监控系统人机界面对重要被控设备监控操作时的紧急后备操作手段。IBP 盘的功能需求是否合理，将直接影响到紧急情况下人身及财产安全，从而对车站的调度、指挥、管理起到了至关重要的作用。

一、IBP 盘的组成

IBP 盘（见图 6-31）是为提高紧急情况下车站车控室值班人员的防灾救灾能力而设置的，主要由 IBP 马赛克面板、PLC 及 I/O 模块、人机界面终端（由其他专业提供并安装）、监控工作台构成。当出现车站值班操作员在车站设备服务器或者人机界面出现故障无法操作时，通过 IBP 盘对本车站进行应急管理；或在紧急情况下直接操作 IBP 盘上按钮、钥匙开关等，采用人工介入方式进行运行模式操作和某些设备的远程单动操作，将发出的控制信号输入 IBP 盘 PLC。由 PLC 发出联动控制指令和某些设备的远程控制指令。另外，PLC 通过通信接口和 FAS 报警控制器连接，接收 FAS 报警控制器直接传来的火灾模式指令，并将火灾模式信息转送到现场冗余 PLC。实现后备盘的手动操作与表示功能，保证车站控制室具有紧急后备装置，以免影响安全。

IBP 盘上设置紧急控制按钮、状态指示灯等，并对重要设备进行应急监控。由于 IBP 作为控制各重要设备的重要手段，所有按钮、钥匙开关、指示灯等应可靠、耐用。其控制级别高于各系统操作站。

IBP 盘盘面上一般会划出各分区，来对不同系统的设备进行监控。各分区有清楚的文字描述及线条划分。IBP 盘盘面主要包括信号系统、屏蔽门系统、消防泵系统、自动扶梯系统、消防风机系统、环控系统、门禁系统、AFC 闸机系统、隧道通风系统等相关信息和内容。

图 6-31　车站 IBP 盘

二、IBP 盘的主要功能

正常情况下，由控制中心调度人员指挥全线路的运行，在特殊情况下（如控制中心失去某项功能时），由控制中心授权车站来完成运营管理，此时 IBP 盘发挥作用。通过 IBP 盘对本车站进行应急管理，为故障处理或抢险争取时间。通过 IBP 盘可实现的紧急控制功能有：

（1）环境与设备监控系统监控隧道通风、车站通风，监控车站及区间内的防排烟风机等设备。

（2）AFC 闸机的紧急释放。

（3）信号系统站级控制。紧急停车、扣车和放行，显示启动信息，并提供报警。

（4）屏蔽门紧急控制。

（5）火灾自动报警系统中消防泵的控制。

（6）电梯控制。监控垂直电梯及自动扶梯状态、故障报警。

（7）门禁系统的监控。

（8）供电系统的直流开关控制。

三、IBP 盘的操作

由于不同城市地铁的 IBP 盘盘面模块划分有所不同，本小节在对 IBP 盘的操作进行叙述时，综合考虑了各个地铁 IBP 盘的设计；将 IBI 盘划分为七个监控系统分区。IBP 盘上各监控系统分区设独立钥匙开关以允许该分区的按钮触发。各分区监控系统包括：

（1）隧道通风区域。

（2）环境与设备监控区域。

（3）屏蔽门区域。

（4）自动扶梯及电梯系统区域。
（5）自动售检票系统（AFC）区域。
（6）门禁区域。
（7）信号区域。

（一）隧道通风系统

IBP 盘上设置隧道通风系统的火灾模式带灯按钮（见图 6-32），在综合监控操作无效等紧急情况下，工作人员可通过了解列车火灾停在隧道区间的位置情况，来判断是否应启动对应区域的火灾模式，操作方式为翻开对应区域的火灾模式按钮保护盖后按下按钮，对应区域的火灾模式启动，且状态指示灯亮起，表示该区域的火灾模式启动成功。

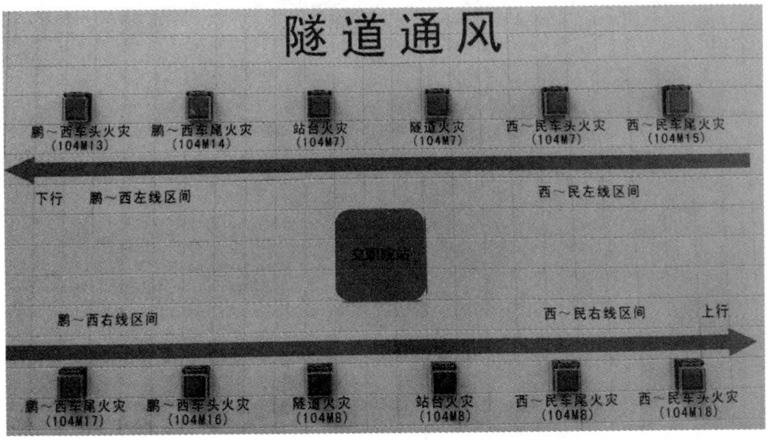

图 6-32　IBP 盘隧道通风系统区域

（二）环境与设备监控系统

IBP 盘上设置环控系统的火灾模式带灯按钮（见图 6-33），设置有手动/自动转换开关，当手动/自动开关位于自动位置时，车站环控系统为 BAS 自动控制，车站环控区域的按钮无效。当手动/自动开关位于手动位置时，车站环控系统 IBP 盘紧急控制，车站环控区域的按钮有效。设置有模式终止按钮，可取消正在执行的火灾模式。设置有正常模式恢复按钮，当车站环控区域的紧急模式执行完成后，可以恢复通风空调系统模式的正常运行，同时可以按下该按钮，以恢复车站通风空调系统的正常运行。操作方式为：

（1）当车站发生火灾工况，且车站 ISCS 工作站无法下发火灾模式时，将“手动/自动”切换开关切换到手动侧，“手动”状态指示灯亮起，“自动”状态指示灯熄灭，此时 IBP 盘所有环控模式及隧道通风模式按钮可操作。

（2）翻开对应区域的火灾模式按钮保护盖，按下按钮，对应区域火灾模式启动，且状态指示灯亮起，表示该区域火灾模式启动成功。

（3）翻开“模式终止”保护盖，按下按钮，取消正在执行的火灾模式。

（4）翻开“恢复正常模式”保护盖，按下按钮，使环控系统恢复到正常运行模式（非火灾模式）。

（5）当车站恢复正常运行工况时，将“手动/自动”切换开关切换到自动侧，“自动”状态指示灯亮起，“手动”状态指示灯熄灭，此时 IBP 盘所有环控模式及隧道通风模式按钮不可操作。

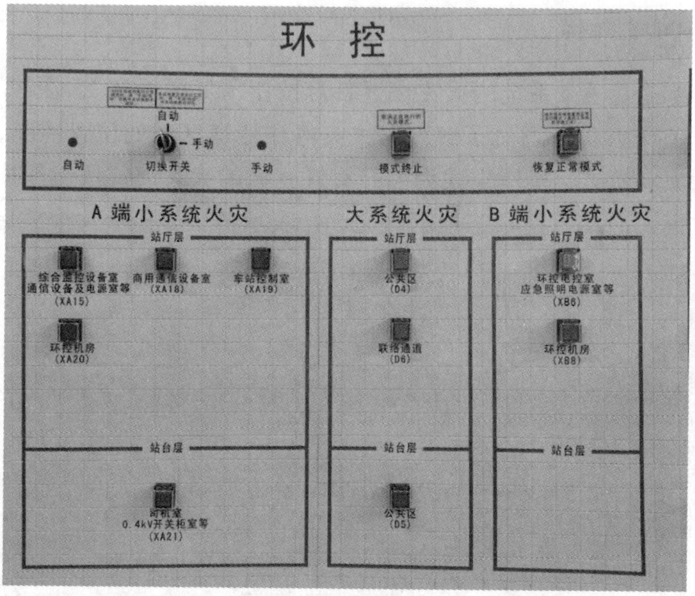

图 6-33　IBP 盘环控系统区域

（三）屏蔽门系统

IBP 盘上设置屏蔽门系统开门/关门控制带灯按钮（见图 6-34），设置有禁止/允许转换开关按钮，当禁止/允许开关位于禁止位置时，屏蔽门区域的按钮按下无效。当禁止/允许位于允许位置时，屏蔽门系统为紧急控制，屏蔽门区域的按钮按下有效。设置有关闭锁紧指示灯，当相应侧的屏蔽门关闭且锁紧时，该指示灯亮；当相应侧屏蔽门开启时，该指示灯灭。设置有试灯按钮，按下试灯按钮，该区域所有指示灯全亮，按钮复位后指示灯熄灭。操作方式为：

（1）当“IBP 允许开关”切换到允许时，“开门”按钮允许操作。

（2）按下“开门”按钮，使按钮锁定，一侧站台的屏蔽门打开，“开门”状态指示灯亮起，表示该侧站台的屏蔽门打开成功。

（3）再次按下“开门”按钮，使“开门”按钮解锁，一侧站台的屏蔽门关闭，“开门”状态指示灯熄灭，表示该侧站台的屏蔽门关闭成功。

（4）当“IBP 允许开关”切换到禁止时，“开门”按钮禁止操作。

（5）当“边门允许开关”切换到允许时，“开边门”按钮允许操作。

（6）按下“开边门”按钮，使按钮锁定，一侧站台的首末滑动门打开，“开边门”状态指示灯亮起，表示该侧站台首末滑动门打开成功。

（7）再次按下“开边门”按钮，使“开边门”按钮解锁，一侧站台的首末滑动门关闭，“开边门”状态指示灯熄灭，表示该侧站台首末滑动门关闭成功。

（8）当“边门允许开关”切换到禁止时，“开边门”按钮禁止操作。

（9）当“关闭锁紧”状态指示灯亮起时，一侧站台的所有屏蔽门单元已关闭和锁紧。

（10）按下“试灯”按钮，一侧站台的所有状态指示灯亮起。

（11）松开“试灯”按钮，状态指示灯恢复至原来状态。

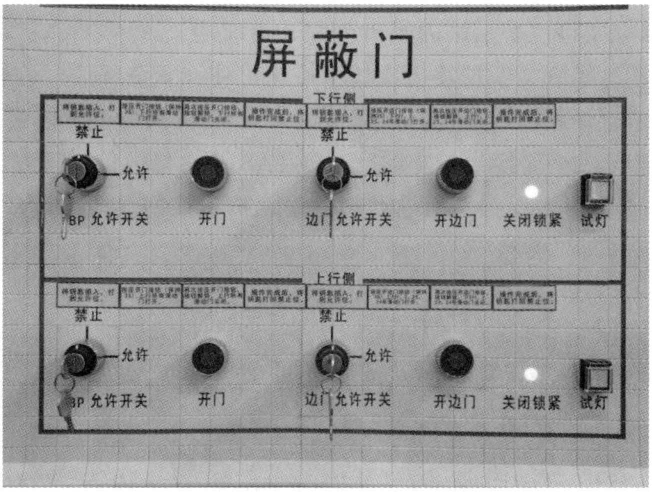

图 6-34　IBP 盘屏蔽门系统区域

（四）自动扶梯系统

IBP 盘上设置对单台自动扶梯控制的带灯按钮（见图 6-35），在紧急情况下，通过 IBP 盘的紧急按钮可以实现对单台自动扶梯的停止控制，并通过指示灯显示扶梯的上下行状态。操作方式为：翻开“急停”保护盖按下按钮，使按钮锁定，现场对应编号的自动扶梯终止运行，“上行”或“下行”箭头状态指示灯熄灭，表示该台自动扶梯终止运行执行成功；翻开“急停”保护盖并再次按下按钮，使“急停”按钮解锁。

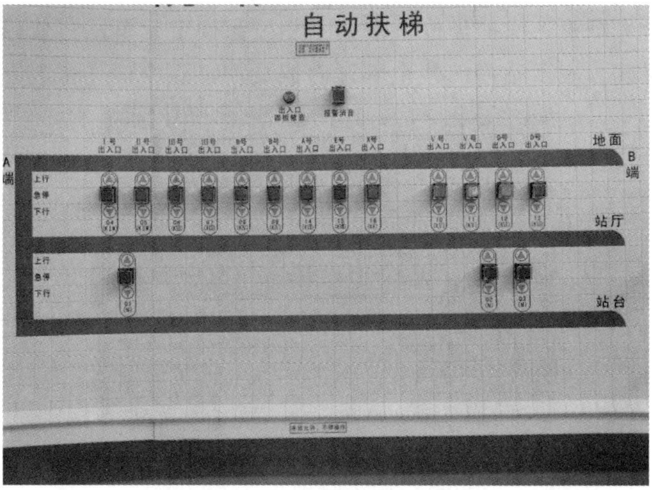

图 6-35　IBP 盘自动扶梯系统区域

（五）AFC 系统

IBP 盘上设置对 AFC 闸机紧急释放的带灯按钮（见图 6-36），用于紧急情况下，直接紧急释放闸机方便人员疏散。操作方式为：

（1）当“允许开关”切换到允许时，使 FAS 紧急释放信号可直接下发到闸机控制器。

（2）翻开“紧急释放”保护盖并按下按钮，使按钮锁定，车站闸机释放开门，“紧急释放”状态指示灯亮起，表示站内闸机全部开启成功。

（3）翻开“紧急释放”保护盖再次按下按钮，使“紧急释放”按钮解锁，车站闸机恢复正常功能，“紧急释放”状态指示灯熄灭，AFC 闸机执行正常模式。

（4）当“允许开关”切换到禁止时，截断 FAS 紧急释放信号下发，平时为“禁止”，保证 FAS 在平时不会因为误触发而导致闸机紧急按钮控制盒误动作。

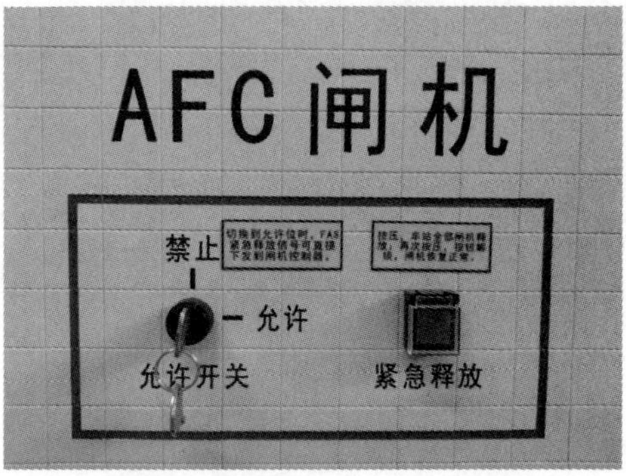

图 6-36　IBP 盘 AFC 闸机区域

（六）门禁系统

IBP 盘上设置对门禁系统紧急释放的带灯按钮（见图 6-37），用于在紧急情况下对站内门禁进行紧急控制。操作方式为：

（1）当“允许开关”切换到允许时，使 FAS 紧急释放信号可直接下发到门禁控制器。

（2）翻开“紧急释放”保护盖按下按钮，使按钮锁定，车站门禁释放开门，“紧急释放”状态指示灯亮起，表示站内门禁全部开启成功。

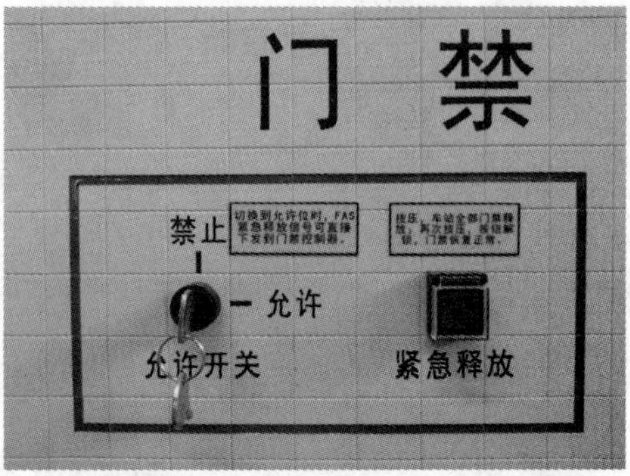

图 6-37　IBP 盘门禁系统区域

（3）翻开“紧急释放”保护盖再次按下按钮，使“紧急释放”按钮解锁，车站门禁恢复正常功能，“紧急释放”状态指示灯熄灭。

（4）当“允许开关”切换到禁止时，截断 FAS 紧急释放信号下发，平时为“禁止”。

（七）信号系统

IBP 盘上设置对信号系统紧急控制的带灯按钮（见图 6-38），在紧急情况下，通过紧急按钮可以实现对列车的紧急停车控制及扣车/放行控制，并通过指示灯显示执行状态。操作方式为：

（1）确认必须在 IBP 盘上进行信号系统操作，且得到了授权。

（2）翻开“紧急停车”保护盖，按下按钮，现场紧急停车功能启动，“紧急停车”状态指示灯亮，表示现场紧急停车执行成功。

（3）翻开“取消紧急停车”保护盖，按下按钮，现场紧急停车功能终止，“紧急停车”状态指示灯熄灭。

（4）当“蜂鸣器”发出报警时，翻开“切断报警”保护盖，按下按钮，“蜂鸣器”停止报警。

（5）当按下“试灯”按钮时，“紧急停车”状态指示灯亮起，“蜂鸣器”发出报警声。

（6）当松开“试灯”按钮时，状态指示灯及蜂鸣器恢复原来的状态。

（7）若有“扣车”按钮（见图 6-39 所示），当 IBP 盘扣车按钮按下，扣车指令发出的时候，扣车指示灯（红灯）亮，同时黄灯灭。ATS 系统接收到扣车按钮的命令后，控制列车停扣在该站站台，列车不允许发车。

（8）若有“取消扣车”按钮，当需要取消扣车按钮时，按下“取消扣车”按钮后，取消扣车指令发出，扣车指示灯（红灯）灭，同时黄灯亮。ATS 系统接收到取消扣车按钮的命令后，恢复正常模式，控制列车恢复正常运行，允许根据 ATS 系统的判断发车。

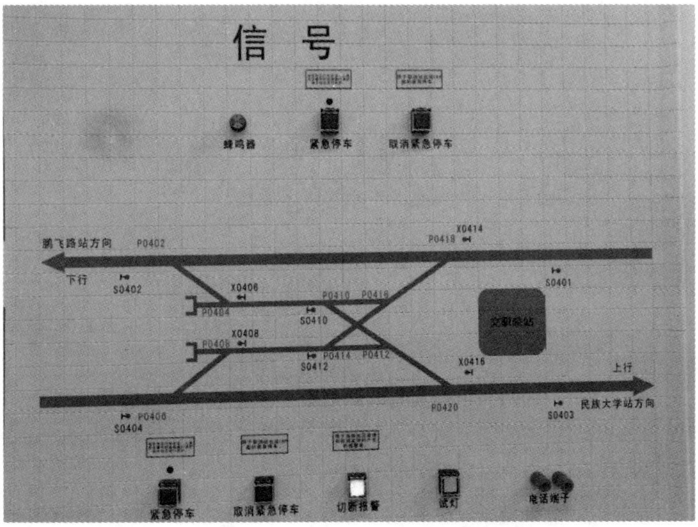

图 6-38　IBP 盘信号系统区域（无扣车功能）

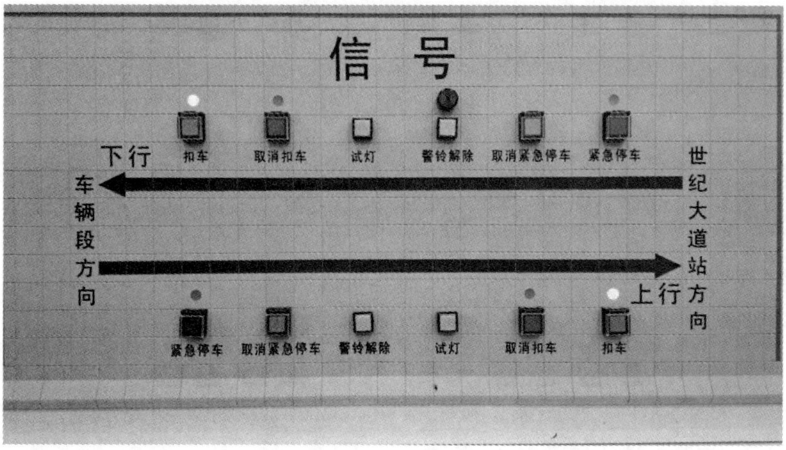

图 6-39　IBP 盘信号系统区域（有扣车功能）

思考与练习

（一）单选题

1.（　　）是指完成集成在综合监控系统内的专业自动化子系统，其全部系统功能由综合监控系统实现，是综合监控系统的一部分。

A. 集成子系统　　B. 互联子系统

C. 自动控制系统　　D. 远程控制

2.（　　）是具有自身完整的系统结构，并保持系统独立运行，与综合监控系统通过外部接口进行信息交互，实现信息互通、共享和联动控制功能的自动化系统。

A. 集成子系统　　B. 互联子系统

C. 自动控制系统　　D. 远程控制

3.（　　）是指在火灾自动报警系统中，用以接收、显示和传递火灾报警信号，并能发出控制信号和具有其他辅助功能的控制指示设备。

A. 火灾触发器件　　B. 火灾报警装置

C. 火灾警报装置　　D. 火灾报警控制器

4.（　　）是在火灾集中报警系统中，用以发出区别于环境声、光的火灾警报信号的装置。

A. 火灾触发器件　　B. 火灾报警装置

C. 火灾警报装置　　D. 火灾报警控制器

5.（　　）通过化学作用抑制燃烧过程中的化学反应而达到灭火的目的。

A. 惰性气体自动灭火系统　　B. 细水雾自动灭火系统

C. 七氟丙烷自动灭火系统　　D. IG-541 自动灭火系统

6.（　　）设置在每个车站控制室中，在紧急情况下提供紧急按钮，用于支持车站的关键监视和控制功能。

A. 前端处理器　　B. 服务器

C. 工控机　　D. 综合后备盘（IBP）

（二）多选题

1. 以下哪些系统属于集成子系统？（　　）

A. PSCADA　　B. AFC　　C. ATC　　D. CCTV

2. 以下哪些系统属于互联子系统？（　　）

A. PSCADA　　B. AFC　　C. ATC　　D. CCTV

3. BAS 系统实行（　　）监控。

A. 中央级　　B. 车站级　　C. 就地级　　D. 现场级

4. 火灾触发器件是指设置在现场，能对（　　）等火灾参数进行响应，并自动产生火灾报警信号的器件。

A. 温度　　B. 湿度　　C. 气体浓度　　D. 烟雾

5. 按照响应火灾参数的不同，火灾探测器可分为（　　）。

A. 感温火灾探测器　　B. 感温火灾探测器

C. 感光火灾探测器　　D. 复合式火灾探测器

6. FAS 系统采取（　　）的运营模式。

A. 一体化网络　　B. 两级管理　　C. 二级控制　　D. 三级控制

（三）填空题

1. 车站综合监控系统功能包括________________、________________、环境与设备监控功能、火灾自动报警功能和________________等。

2. ________________通风空调系统简称为“大系统”，________________通风空调系统简称为“小系统”。

3. BAS 对电动扶梯、电梯系统的监控方式为____________。

4. 各车站公共区照明、广告照明、出入口照明按地铁运营时间指定运行时刻表，控制操作以____________为主。

5. 火灾自动报警系统一般由________________、________________、________________以及具有其他辅助功能的装置组成。

6. 气体灭火系统对其覆盖的各个防护区可以独立实现______________、____________和________________三种控制方式。

（四）判断题

1. 综合监控系统采用主备、冗余、分层、分布式 C/S 结构，实现两级管理、三级控制。（　　）

2. BAS 系统的监控对象应以通风空调系统为重点。（　　）

3. 车站公共区发生火灾时，立即停止车站空调水系统，转换到车站小系统火灾模式。（　　）

4. 隧道通风系统在着火区域内的气流方向应与多数乘客的疏散方向一致。（　　）

5. 列车在运行时发生火灾应尽量驶向前方车站，在前方车站疏散乘客、排烟及灭火，其火灾运行模式按车站隧道火灾考虑。（　　）

6. 正常情况所有给水泵 24 小时都处于“正常带电”“自动”状态。（　　）

7. 中央级和车站级通过控制权限移交机制实现控制权的转换，且中心和车站不可同时对受控设备进行遥控操作。（　　）

8. 火灾报警控制器是火灾自动报警系统的重要组成部分，是整个系统性能好坏的关键。（　　）

9. 气体灭火系统主要用于保护车站内火灾危险性较高的或重要的设备用房。（　　）

10. IBP 盘上设置紧急控制按钮，状态指示灯等，控制级别高于各系统操作站。（　　）

（五）名词解释

1. 综合监控系统：________________________。
2. 集成系统：________________________。
3. 互联系统：________________________。
4. BAS 系统：________________________。
5. FAS 系统：________________________。

（六）简答题

1. 地铁车站发生火灾会存在什么问题?
2. 火灾有几种报警模式？是如何启动的?
3. 请描述 IBP 盘上环控系统区域设置手动自动开关的意义。

参考文献

[1] 仇海兵. 城市轨道交通车站设备[M]. 北京：人民交通出版社，2012.

[2] 涂 丹. 城市轨道交通车站设备[M]. 镇江：江苏大学出版社，2019.

[3] 李 怡. 城市轨道交通车站设备[M]. 成都：西南交通大学出版社，2016.

[4] 中华人民共和国住房和城乡建设部. 地铁设计规范：GB 50157—2013[S]. 北京：中国建筑业出版社，2014：3.

[5] 李照星，孙宁，杨润栋. 城市轨道交通车辆和机电设备国产化发展现状分析[J]. 中国铁路，2008（06）：55-58.

[6] 杨承东，刘洋. 智慧城轨自动售检票系统的技术发展趋势[J]. 都市快轨交通，2021，34（01）：52-56.

[7] 梁笛. 基于多元化支付的自动售检票系统终端设备配置[J]. 都市快轨交通，2018，31（05）：106-110.

[8] 陆赛杰，林磊. 新型终端设备在地铁自动售检票系统中的应用[J]. 电子世界，2018（24）：180-181.

[9] 中国城市轨道交通协会中国城市轨道交通智慧城轨发展纲要[J]. 城市轨道交通，2020（04）：8-23.

[10] 欧阳卫华. 地铁中的自动灭火系统[J]. 城市轨道交通研究，2007（12）：55-59.